だいわ文庫

感情を整える
アドラーの教え

岩井俊憲

大和書房

はじめに

「普段、つい職場や家庭で怒ってしまう」
「将来の不安ばかり考えてしまう」
「なんだか憂うつな気分から抜けきれない」
「自分の性格や外見にコンプレックスばかり……」

このような普段から抱えがちな負の感情は、抑えられるどころか振り回されてしまっている、という人が多いのではないでしょうか。

そして、人間の感情的な側面は、親からの遺伝や育った環境のせいで、自力では変えられないと思っていませんか。

「父親が怒りっぽい性格だったし、自分も、周囲の人たちからもよく怒りをぶつけられていた」

「母親が嫉妬《しっと》深くて、父に焼き餅を焼いていたばかりか、自分の行動もいちいち詮索《せんさく》されていた」

「だから、自分もいつの間にか同じようなタイプになってしまった」

――そんな風に考えたこともきっとあることでしょう。

しかし、アドラー心理学の創始者、アルフレッド・アドラー（1870〜1937）は、遺伝の問題に関してこう強く訴えています。

「**遺伝の問題はそれほど重要ではない。重要なことは、何を遺伝したかということではなく、幼い頃に遺伝として与えられたものをどう使うかということである**」

そう、「感情は、自分で〝使うかどうか〟を決められる」ということなのです。

つまり、もし自分がイライラしがちだったり、心配性だったり、せっかちだったりしたとしても、そうした感情を、周囲に対してどのように使うかは、遺伝ではないということです。

生育環境についても、たとえその影響があるとしても、それをどう人生で使うかは、あなたが決められるのです。

このことをアドラー心理学では「**自己決定性**」といっています。

一部の心理学では、「感情が人を動かす」とか、「感情はコントロールできない」と教えたりすることがあります。

アドラー心理学は、全く逆の立場で、「自己決定性」と同様、「**人が自らの選択で感情を使う**」、「**感情はコントロールできる**」と捉えています。

感情は、思考や行動と同じく、人間が備えている心の機能の1つであり、私たちの意思と無関係に働くものではないからです。

創始者のアドラー以来、進化を続けているアドラー心理学の感情に関する強い信念は、次のとおりです。

○感情をコントロールして、自分を変えることができる
○自分を変えることは今からでもできる
○自分が変われば人生が変わる

その信念を貫く鍵は、**感情をコントロールすることから始まる**、ということを肝に銘じておいていただければと思います。

そして、アドラー心理学のカウンセラーの立場から書いたこの本では、感情の捉え方として次の3つの特徴に焦点を当てています。

①感情にはプラスの「陽性感情」とマイナスの「陰性感情」がある（アドラーは「結合的感情」と「離反的感情」と呼ぶ）
②現在の感情、過去に向かう感情、近未来・未来に向かう感情など、時間軸がある
③感情の一部は、目標（理想）と現実（現状）の落差から生まれる

詳しくは、本の中で読んでいただくとして、この本の中で触れる怒り、恨み、不安、心配、恐怖、あせり、嫉妬、羨望《せんぼう》、憂うつ、劣等感といった感情について、どうか悪者扱いしないでいただきたいです。

これらは、**あなたに必要だったから備わっていた心の働き**であります。

私は、自分の心の働きとして備わっていたものをどう使うか、を焦点に、自分と他者にとって建設的な使い方をガイドする本として書きました。

私たちは、感情を誰にも彼にも使っていることはないはずです。必ず特定の人に、ある状況で、ある目的のために使っていることに、この本を通じて気づくはずです。

人間はとかく、感情についても物事と同様、「良い・悪い」や「正しい・間違っている」と考えがちです。

ですが、この本では、感情を建設的に、適切に使えるようご案内します。

制御不可能なように思える感情たちは、自力でコントロールできるばかりか、私たちがよりよく生きるために大きな味方になってくれます。

あらゆる感情は、あなた自身の人生を鮮やかに彩るパートナーなのです。

そして、本書が、あなたが感情を自らの選択で自由にコントロールし、大きく人生を変える一助になれば、これ以上の幸せはありません。

岩井俊憲

はじめに ―― 3

第1章 感情はコントロールできる

■あなたはすでに、感情をコントロールしている ―― 16
■負の感情は、自ら選んで使っている ―― 19
■コントロールしやすい感情の種類を知る ―― 21
■アドラーがコントロールできると考えた「情動」 ―― 24
■「喜び」も、時として負の感情になる ―― 26
■感情をコントロールする〝理性の信号機〟 ―― 31
■感情コントロールとは、感情の抑え込みではない ―― 34
■理性的回路を保つ「自責と他責」のバランス ―― 36
■感情と向き合うことが、生きる幸せにつながる ―― 40

第2章

怒りで「本当の気持ち」に気づく

■なぜ、あなたは怒るのか？——46
■イライラの裏にある4つの目的——48
■怒った後の「結果」にフォーカスする——52
■怒りは決して悪い感情ではない——55
■〝怒りグセ〟がついてしまうと問題解決できない——56
■二次感情に隠れた一次感情を汲み取る——59
■「私メッセージ」で伝える——62
■自分の怒りをスケーリングする——65
■怒るのではなく、〝注意〟を与える——68
■注意を確実に届ける2つの方法——71
■自分の信念をゆるめる——74
■「建設的—非建設的」の判断軸で考える——76
■「許せない！」が「恨み」に転化する——80

■恨みを継続してしまう3条件――82
■人に恨みをぶつけても消えない――85
■自分から恨みへ〝卒業宣言〟する――87

第3章 不安が人生の課題を教えてくれる

■あなたをモヤモヤさせる不安の正体――94
■「不安」と「恐怖」は違う――96
■「相手役」で不安の質が変わる――100
■不安と心配の違いは「支配性」――102
■「あせり」は不安と恐怖の中間にある――104
■心配が怒りへと転化するとき――106
■不安は、未来への行動のきっかけ――109
■まず行動ではなく「準備」を――111
■優先度思考で考える――112

■期待できる要素を挙げる――114
■「しんぱい」の言葉から、一文字変えてみる――118
■不安が「あせり」になると、課題が見える――121
■せっかちと完璧主義が、あせりを生む――122
■「自分は怠け者」という人に、怠け者はいない――125
■夢が教える現状の課題――127
■「進んでいる」という小さな実感から始める――129
■あせりから生まれる力を信じる――131

第4章

疑惑の点検で嫉妬から自由になる

■三者関係で生まれる「嫉妬」――136
■嫉妬は「疑惑」から生まれる――138
■羨望はプラス感情が混ざっている――140
■嫉妬は、後付けで手に入れた〝道具〟――142

■嫉妬心を感じたときの解決3ステップ――145
■他者から嫉妬されたときの4つの対処法――148
■嫉妬の「追体験」をやめる――151

第5章

憂うつで未来への力を蓄える

■人が憂うつになる理由――156
■自責が憂うつを招く――158
■あなたの「憂うつレベル」はどれくらい?――160
■憂うつは次のステップへの充電期間――162
■大きな目標には「はしご」をかける――166
■同情する人に、会ってはならない――168
■思いっきり悲壮感に浸ってみる――171
■憂うつな気分に陥りそうな時の対処法――172

第6章

劣等感をパートナーにして成長する

■アドラーが分類した3種類の劣等感――176
■劣等感こそ、すべての感情の出発点――179
■何かしらの比較から生まれる劣等感――182
■劣等感ゆえに、建設的な行動をとる――184
■他者を巻き込む劣等コンプレックス――186
■代理で劣等感を感じてしまう人たち――189
■目標への一番大きな刺激にする――190
■他者との差別化を「選択」する――192
■他者や社会への貢献につなげる――193
■劣等感を味方につけた人たち――195
■劣等感が、人生最大の友人になる――197

おわりに――200

付録1 陰性感情の目的と意義――206

付録2 アドラー心理学による感情解釈――207

第1章

感情はコントロールできる

あなたはすでに、感情をコントロールしている

「人の優柔不断さにイライラする」

「将来のことで貯金が今から心配だ」

「なんだか憂うつだ」

「自分よりも仕事がデキる人が羨ましい」

「どうせ自分なんて頑張ったってダメなんだ……」


こういったマイナスの感情に悩まされることは、多かれ少なかれ、生きていれば必ずぶつかる問題です。

むしろ、悩まない人間などいないといっても過言ではありません。

私は、アドラー心理学を基礎としたカウンセリングを日々行っていますが、訪れる方々の悩みを尋ねていくと、みな一様にある同じところへと辿《たど》りつきます。

それは、

「ついつい感情的になったり、イヤな気持ちを表に出してしまうのを、なんとか自分の力で処理できないのだろうか？」

という悩みなのです。

職場で、家庭で、友人関係で――ちょっとしたことで腹を立てたり、「このままで本当にいいのだろうか？」と、無性に不安になってしまったりする感情に振り回されて、自分で自分を疲れさせてしまっているのです。

なんとももったいないことだと思いませんか？

ですが、**人間は、感情をコントロールすることが可能**です。

なぜなら、すでに私たちは感情を自らの意思で〝コントロールしている〟からです。

たとえば、あなたが配偶者、もしくは恋人と大げんかをしたとしましょう。この場合の感情は「怒り」です。

「お前なんか出て行け！」

「あなたこそ出て行きなさいよ！」

とがった言葉の応酬は止まる気配を見せず、二人の関係にいよいよ暗雲が立ちこめた――と、その瞬間、携帯電話が鳴ります。

着信音を耳にしたあなたは、相手に怒りをぶつけるのをいったんやめて、「誰だ、いったいこんなときに……」と思いながらも渋々と電話を手に取ります。

そうすると、電話の向こうから聞こえてきたのは、大学時代の先輩の声でした。

さて、こんな状況で、あなたはどのように受け答えをするでしょうか。

「ああ、はい、どうもお久しぶりです……」

などと、**極めて平静を取り繕《つくろ》って、先ほどとはうってかわって会話をしようとするはずです。**

もし、怒りという感情がコントロール不能なものであったならば、この場合、怒りに任せたまま電話に出て、先輩だとしても「こんなときに電話なんてしてこないでください!!」と、きつく当たってしまうかもしれません。

しかし、多くの場合、そうではありませんよね?

この電話の例は、**人は怒りという感情のレバーを、「相手」と「状況」によって、瞬間的に使い分けられる**、という事実を示しているのです。

負の感情は、自ら選んで使っている

私たちは、間違いなく感情を「相手」と「状況」に応じて使い分けています。

では、どうしても怒りっぽくなってしまう、不安な気持ちを抑えられない……そんな悩みが生まれるのはなぜでしょうか。

それは、あなた自身が、その感情を〝使い続けたい〟と思っているからなのです。

「コントロールできない」のではなくて、「コントロールしたくない」と、心のどこかで考えているのです。

あなたは、すでに怒りたいから怒っていて、不安に思いたいから不安に思っている。

つまりは、「イライラが止まらなくて、つい人に当たってしまう」といったことで悩んでいる人も、実は感情をコントロールしているものの、それを自覚していないだけなのです。

では、何が私たちを苦しませるのか？

それは、**感情を向ける「相手」と「目的」を自覚していない**ということです。

逆にいえば、それさえ把握できれば、感情を自在にコントロールすることができるといえます。

もし、今あなたが苛立《いらだ》ちなどの感情で悩んでいて、そのために職場や家庭、ご近所付き合いなどで、何らかの不都合が起きているのなら、感情のレバーの強弱をちょっとだけ調整する工夫をすればよいのです。

もともと自分でコントロールできるのですから、決して難しい作業ではありません。

感情を「使うかどうか」はあなた次第。
まずは、このことを知っておいていただきたいと思います。

コントロールしやすい感情の種類を知る

「あの人は、感情表現が豊かな人だ」
「あまり感情的になりすぎてはいけない」
「ショックが大きくて、気持ちの整理がつかない」

私たちは日常の中の、さまざまな場面で〝感情〟に関することについて口にしています。

とはいえ、ひと口に〝感情〟といっても、その中には異なる要素が混在しています。心理学上、人間の感情は、大きく分けて、以下の3つに区分することができます。

①感覚的感情（センサリー・フィーリング）
②気分（ムード）
③情動（エモーション）

【①感覚的感情】とは、五感によって受け取る快・不快の意識状態のこと。要するに「いい匂い」「おいしい味」「きれい」といった意識を指しています。

これに対して、【②気分】は、爽快感や憂うつといった身体の生理的機能との結びつきが強く、比較的持続する感情を意味します。

たとえば、受験に失敗して落ち込むとか、スポーツ観戦に行って興奮するといった感情がわかりやすいかもしれません。

まさに「気分」であって、何かの状況や原因から生じるケースが一般的です。

そして、【③情動】は、喜怒哀楽のように急激に生じる、比較的激しい一時的な感情のことです。

つまり、**私たちがよく口にする、「怒る」「悲しむ」「歓喜する」といった感情は、この情動に分類されるというわけです。**

快・不快に関わる【①感覚的感情】は、コントロールできません。

味気のない食事を口にしたとき、私たちは「まずい！」と感じるのを避けることはもちろんできません。

なぜなら、それらは自分の力ではどうしようもない、一定の条件下で生まれるもので、自分で回避したり、コントロールしたりするのは困難だからです。

また、【②気分】も同様に、状況に左右されて生じる感情のため、自分ではコントロールはできません。

そのため、多くの心理学理論では、感情を自力でコントロールするのは難しいとしています。

確かに、アドラー心理学でも、【①感覚的感情】と【②気分】についてはコントロールしにくいことを認めています。

アドラーがコントロールできると考えた「情動」

しかし、アドラー心理学では、【③情動】については自らの力でコントロールできる、と考えます。

そして、**この【③情動】こそが、私たちを悩ませるものであり、そのコントロールの有無が、人生の幸・不幸を分けるものでもあるのです。**

これから本書で語っていく「感情」は、この【③情動】のことを示します。

アドラー心理学では、【③情動】に関して、

○情動を向ける「相手役」がいる
○何かしら達成したい「目的」がある

と考えています。

「相手役」とは、喜びを分かち合ったり、怒ったり、嫉妬したり……と、感情を

感情の三類型と、情動

①感覚的感情（センサリー・フィーリング）

例　「いい香りだなぁ」「この花はキレイだ」と思う

▼

「快・不快」に関わるためコントロール不可

②気分（ムード）

例　サッカーの試合を観にいって、
思わず気分が高ぶってしまう

▼

身体的な要素が強く、コントロール不可

③情動（エモーション）

例　「嬉しい」「悲しい」といった、一般的に言われる感情

▼

「相手役」と「目的」の使い分けで、コントロール可！

向ける対象となる人のことです。

「目的」とは、感情を出す狙いのことです。

たとえば、**怒るときは「相手より優位に立ちたい」、「相手を支配したい」という目的を持っている**というわけです。

つまり、相手役や目的を自覚的に使い分けることによって、感情をコントロールできるというのが、アドラー心理学の基本的な考え方なのです。

「喜び」も、時として負の感情になる

感情をコントロールする方法について学ぶために、私たちは感情についてもう少し理解を深めておく必要があります。

一般的に、心理学では感情を「陽性感情」と「陰性感情」に分けて研究しています。

陽性感情は、前向きで建設的な感情であり、いわゆるプラスの感情を意味しま

す。

達成感や満足感、祝福感、憧れ、好奇心、喜び、嬉しさといったものが、それに当たります。

もう一方の陰性感情は、後ろ向きで非建設的な、いわゆるマイナスの感情です。怒り、嫉妬、悲しみ、落胆、憂うつ、臆病さといった感情が当てはまります。

陽性感情と陰性感情は、「過去」「現在」「未来」という時間軸によっても分類することができます。

過去に属する感情には「懐かしさ」「許し」「後悔」「恨み」があります。

そして、未来に属する感情には、「期待」「あせり」「心配」「不安」があります。

「懐かしさ」は過去の陽性感情、「後悔」は過去の陰性感情であり、「期待」は未来の陽性感情、「あせり」は未来の陰性感情というわけです。

もっとも、同じ感情であっても、ケースによってはプラス・マイナスどちらにも該当しないものがあります。
こうした点からも、アドラーは、

「たとえ喜びの感情であっても、状況や場所、相手によって、わきまえなければ問題がある」

といったことを述べています。

たとえば、誰かをからかって笑ったり喜んだりしたとき。

自分にとっては、喜んでいる感情なのでプラスの感情に分類されますが、笑いものにされた人にとっては屈辱を感じることにもつながる場合があります。

そうなると、「喜び」をプラスの感情に分類していいのかという疑問が湧くはずです。

そこで、**アドラーは陽性感情や陰性感情という言葉は使いませんでした。**

彼は、それに代替《だいたい》するものとして、次のように分けました。

時間軸でみる陽性感情・陰性感情

時間軸	過去	現在	近未来 未来
陽性感情	懐かしさ ・ 許し	達成感、満足感、 祝福感、憧れ、 信頼感、親近感、 平静さ、一体感、 好奇心、感動、 愛、幸福感、 充実感、受容感、 楽しみ、喜び… など	安心感 ・ 期待
陰性感情	後悔 ・ 恨み	怒り、恐怖、 嫉妬、羨望、 猜疑心、苛立ち、 悲しみ、罪悪感、 落胆、憂うつ、 嫌悪感、寂しさ、 戸惑い、憎しみ、 屈辱感、 臆病さ…など	あせり ・ 心配 ・ 不安

○**結合的感情**――自己と他者を結びつける、他者を受け入れる感情
（例）喜び、共感、同情、羞恥心など
○**離反的感情**――自己と他者とを引き離す、他者に敵対する感情
（例）怒り、悲しみ、不安、恐怖など

という言葉で表現したのです。

人間関係を〝距離〟で捉えて、それを近づけるか遠ざけるかで、感情を分類していくこのアプローチは、あらゆる問題の基点を対人関係においたアドラーらしい考え方です。

ただし、前述した、他者をおとしめる笑いなども、問題のある感情といえます。

これは私自身の体験ですが、以前に研修のお手伝いをしていたある会社で、研修後の懇親会に誘っていただいたときの話です。

楽しみにして参加したものの、蓋を開ければ、飲み会の席でとある社員をターゲットにして笑いものにしていたのです。

他の社員は、茶化して笑いものにするのを愉快そうに聞いています。

言われている本人は苦笑いを浮かべていましたが、その顔は引きつっていました。

確かに、他の社員同士はターゲットになっている人を笑うという結合的感情で結ばれるかもしれません。

ですが、ターゲットになった本人は、周囲の人に対して離反的感情を抱いていたことでしょう。

実際はわかりませんが、このケースから間違いなくいえるのは、プラスの感情であっても人と人とを離反させるリスクがあるということです。

感情をコントロールする〝理性の信号機〟

では、感情に振り回されてしまう人と、そうでない人の差はどこにあるのでしようか。

それは**「理性的回路」と「非理性的回路」のバランスの差が出ているせい**なのです。

自分の目的に向かって行動するときに、理性的回路を優位に働かせる人もいれば、非理性的回路を優位に働かせる人もいます。

「理性的回路が優位」とは、論理的に考えて行動する傾向が強いということです。

○体重が増えそうだから、おいしいものを食べるのは控えておく
○納期に間に合うように、毎日決まった量の仕事をこなしていく

いずれも理性的に物事を判断したうえで、行動に移しています。

理性的回路が優位に働く人は、感情を使わずにたんたんと行動をとっています。

そのため、外見上、感情表現が控え目という印象があります。

その一方で、非理性的回路を優位に働かせるタイプの人もいます。

このタイプの人は、**感情を使って行動する傾向が非常に高いという特徴があり、感情表現も非常に豊かです。**

感情は、道路の信号機のように、私たちに対して3つのシグナルを出します。シグナルはそれぞれ、

○ゴー（行け）
○ストップ（止まれ）
○ウォッチ（警戒しろ）

の3つがあり、主として「ゴー」と「ストップ」が発動します。

たとえば、**人からバカにされたとき、ついかっとなって大声を張り上げたり、詰め寄ったりするのは、怒りの感情がゴーのシグナルを出したからです。**

また、理屈ではわからないけれども、何となく気が進まないということもあります。

これなどは、感情が「ストップ」のシグナルを出している状態です。

以前、セミナーを主催している人が、「プロレスラーを呼ぶイベントをやってみないか」という提案を友人から受けたことがあったそうです。

その人は、プロレス自体には興味があり、プロレスラーの人も面白そうだったので、一瞬、「開催してみようかな」と思いました。

けれども、帰宅して改めて考えてみると、自社でやろうとしていることとイメージが一致しません。

どうしても拭《ぬぐ》えない不安や違和感があるのです。

そして、結局はお断りすることにしたと聞きました。

「なぜ断ったのか、理屈では説明することができない」と、その人は言いますが、これこそ、感情が「ストップ」のシグナルを出したということなのです。

感情コントロールとは、感情の抑え込みではない

30年以上アドラー心理学をもとにカウンセリングを行ってきた私は、感情を無理に抑え込む必要はないと考えています。

感情をコントロールすることは、感情を抑え込むこととは、まったくの別物だと思ってください。

感情を抑え込むことは、感情を否定的なものとみなし、できるだけ感情をなくそうとすることと同じです。

感情を抑え込もうとすると、目の前の課題に見て見ぬふりをしたり、自分を憐れむようになったり……そういう自分に他者を巻き込み、悪影響を与える可能性もあります。

これでは、おおよそ幸福な人生を送るのは難しくなるでしょう。

使うべきときに適切に感情を使い、使う必要がないときには使わない。

感情をコントロールするとは、このようにTPOに応じて感情を処理することにほかなりません。

感情をコントロールできている人とは、理性的回路と非理性的回路を適度に使い分けながら行動できる人です。

たとえば、人気も高く有能な研修講師は、聴き手を盛り上げ、やる気のスイッチを入れるスキルに長《た》けています。

その秘密は、感情のコントロールに隠されています。

つまり、**基本的には理性的回路を使って論理的に話を進めつつも、時には感情の回路を開放して、情熱的な話しぶりで参加者の気持ちを徐々に高揚させていきます。**

このように、適度に感情を使いながら仕事やプライベートで成功している人こそが、感情を味方につけた人ではないでしょうか。

理性的回路を保つ「自責と他責」のバランス

感情のコントロールを司る理性的回路は、時として働かなくなる場合があります。

それは、自責と他責のバランスが崩れてしまった場合です。**多くの人は他者よりも自分を責める傾向があります。**

自分を責めすぎるとうつになりがちです。

うつは、怒りの感情を自分に向けている状態です。

ですので、この負の感情を他者に向けると、そのまま怒りとなります。

自責と他責のバランスが崩れると、感情を適切にコントロールできない状態に陥《おちい》ってしまうのです。

そうした事態を防ぐために、**感情をコントロールするうえで、自責と他責のバランスは、「五分五分」が理想**なのです。

自責に寄りすぎても、他責に寄りすぎても、自分を傷つけたり他者を傷つけたりするおそれがあります。

作家仲間の男性が、とある出版社から原稿の依頼を受けたときのことです。

当時はあまりに多忙だったため、その人は予定していた時期になっても執筆に着手できないままでした。

当然、出版社からは何度も催促の連絡が入りました。

状況的に苦しい中、その人は、「あと1か月だけ待ってほしい」とお願いし、先方も渋々了承してくれたため、彼はなんとか書き上げようと時間を工面しました。

ですが、2週間ほどした段階で、編集担当者から「別の方に執筆していただくことになりましたので、もう書いていただかなくて結構です」とのメールが届いたのです。

瞬間的に彼は激怒しました。

すでに3分の2程度の原稿を書き上げていたからです。

怒りに任せ、彼は担当者にメッセージを返信しました。

「確かに当初の予定通りには原稿が間に合わずに迷惑をかけたのは事実。でも、2週間たってから白紙撤回されるのは納得がいきません」

そして「すでに書いている原稿は、他社から発表します」と一方的に通告しました。

彼は1割程度自分を責め、9割方相手を責めるという形で感情を処理したのです。

このケースでは、いったいどうすれば、お互いが感情的にならない解決策をとれたのでしょうか？

やはり、ここでも自責と他責は「五分五分」という法則を思い出してください。

出版社は確かに、事後報告的に仕事のオファーを白紙にしました。

一方で彼も、意図的ではないとはいえ、仕事の締め切りに遅れるということになってしまいました。

結果として、お互いに感情的になってしまい、仲違《なかたが》いに近い形で関係を断つことになってしまったといいます。

このときに、彼が自分自身の中で、自責と他責を「五分五分」で考えていたならば、「締め切りを守らなかった自分も悪いな……」と感じて、怒りを露《あら》わにすることもなかったでしょう。

感情コントロールには、この「五分五分」の法則が必須であることも、忘れてはなりません。

これは第2章でも詳しくご説明したいと思います。

感情と向き合うことが、生きる幸せにつながる

こんなに私たちを困らせる感情なら、いっそなくなったほうがマシと思うかもしれません。

しかし、感情がなくなると、人はただの機械に成り下がってしまいます。

もはや人間ではありません。

人間が人間であるということは、感情を持っているということです。

「自分はあと何年生きられるだろうか」

「老後の暮らしは大丈夫だろうか」

このように不安という感情を持つのも、未来を見通す力が人間に備わっているからです。

また、人生経験をたくさん積むからこそ、「あのときは失敗した」という後悔の感情が湧いたり、「あのときは楽しかった」と懐かしむ感情を抱いたりするわけです。

感情の時間軸も広がっていくからこそ、人間的に成長するのです。

いずれにせよ、私たちが一度獲得してしまった感情は、もう二度と取り消すことはできません。

ただし、ゼロにすることはできなくても、感情を「使わない」「弱める」という方法を選択することは可能です。

アドラー心理学では、感情は「出る」ものではなく、目的がある前提で「使う」ものであると考えます。

「使う」ということは、自分の意思でコントロールできるということにつながります。

次章以降、感情の強弱を上手に使い分ける方法を、個別にお伝えしていきます。

本章のまとめ

- 感情は、ある状況で、特定の人（相手役）に、ある目的（意図）を持って使われる
- 感情は、TPOによっては反対の意味合いを持つ
- アドラーは、人と人との距離を保つものとして、感情を捉えた
- 感情（特に情動）は、自らの力で理性的にコントロールできる
- 感情は、突き放したり、封じ込めるものではなく、生涯のパートナーである

第2章

怒りで「本当の気持ち」に気づく

なぜ、あなたは怒るのか？

「あの人の振る舞いには、本当に腹が立つ」
「ああいうモノの言い方をされると、イラッとする」

怒りは、私たちが日常でもっとも頻繁《ひんぱん》に心の中に抱きやすいマイナスの感情ではないでしょうか。

中には、「本当は怒りたくないのに……」「またついつい声を荒げてしまった」と、落ち込んだりへこんだりしている人も少なくありません。

それでも、人は怒ってしまいます。

アドラー心理学では、怒りは火山の爆発のように制御不能なエネルギーの爆発だとは考えません。

第1章で述べた通り、怒るときには、必ず「相手役」がいて、その相手に怒りをぶつけることによって、「何らかの目的を達成する」ということがあるのです。
では、怒りにはいったいどのような目的があるのでしょうか。
人が怒る、主な目的は次にあげる４つです。

①他者を支配する
②主導権争いで優位に立つ
③自己の権利擁護
④正義感の発揮

これから、それぞれの内容について詳しく解説していきましょう。

イライラの裏にある4つの目的

①他者を支配する

文字通り、相手を自分の思い通りにしたいということです。

この典型的なケースとして、「親が子どもに言うことを聞かせようとして怒る」というのが、一番わかりやすいでしょう。

親にとって、自分の子どもとは、一番支配しやすい存在だからです。

逆を言えば、子どもに対してよく怒っている人が職場にいる際、立場が上である上司に対しては、同じような目的で怒りの感情をぶつけることはまず考えられません。

つまり、**怒りの感情は、自分より下の立場の人に対して発揮される感情**なのです。

②主導権争いで優位に立つ

これは、【①他者を支配する】という目的が変化したものでもあります。

代表的な例として、夫婦げんかを挙げておきましょう。

たとえば、子どもにどんな習い事をさせるかで、最初は穏やかに話し合っていたのですが、徐々に対立が明確になり、口論へと発展したとします。

「あなたはいつも運動ばっかりさせたがるけど、これからは英語ができたほうがいいに決まっているじゃないの！」

「子どもは病気にもなりやすいんだから、体を丈夫にするのが先決だろう!!」

人間は、口論などで力が拮抗《きっこう》している状況になると、主導権を握ろうと考えて、怒りの感情を発動します。

主導権争いでは、勝者が生まれると同時に敗者も生まれるため、敗者は大きな挫折感を味わうことになります。

③自己の権利擁護

この場合、たとえば、次のようなケースが考えられます。

ある日、Aさんのお宅に、お隣のBさんが菓子折を持参して挨拶に来ました。家をリフォームするにあたって、塀を新しくしたいというのです。

工事費用はBさんが持つというので、多少の工事の騒音はお互いさまだと、快く受け入れました。

ところが、実際には、塀のブロックの中心線が両家の境界線ではなく、明らかにAさん宅の敷地内に入り込んでいたのを目撃して、Aさんは仰天しました。

そうなると、必然的にAさんの土地が狭くなります。

Aさんは慌ててBさん宅に怒鳴り込みました。

「こんな話は聞いていないぞ！　今すぐ工事を取りやめて、やり直してくれ!!」

このケースでAさんが出した怒りの目的は、自分の土地を守るという権利擁護です。

もし、Aさんが権利擁護を目的とした怒りを出さずにいたら、Aさんの土地は一方的に侵されます。

ですから、**この目的の怒りは、決して自ら否定すべきものではありません。**

④正義感の発揮

これは、「自分は絶対的に正しい」という強い信念から生まれます。

たとえば、Cさんは駅前の路上喫煙禁止区域で喫煙している人を見ると、一方的に怒りを爆発させます。

Cさんには「ルールを守れない喫煙者は徹底的に態度を改めるべき」という強烈な正義感に基づく信念があるのです。

確かに正義感に基づく怒りには、社会をよくする可能性がありますが、**信念が独善的になっていないか、またアプローチの仕方についても慎重な検討が必要**といえます。

53ページに自分の怒りの「相手」と「目的」を明確にさせるためのワークをご紹介します。

ぜひ、このワークをご自身で利用してみて、自分の怒りがどのような相手、目的で使われている傾向が強いのかをつかんでいただけると、怒りのコントロールに効果的でしょう。

怒った後の「結果」にフォーカスする

怒りの目的を知っていただいたうえで、次は怒ったことでいったいどんな結果が得られるかを考えてみましょう。

怒りの感情を出すことで、人は次の3つの結果を得ようとします。

①自分の優位を証明する
②相手を屈服させる
③達成感を得る

たとえば、上司が部下を叱っているケース。

自分の怒りに気づくワーク

受・選・実の対応法

厄介な感情(特に怒り)に直面したとき、感情を伴う体験を「受け入れる(受)」「選び取る(選)」「実行に移す(実)」で観察記録を書いてみると、重要な気づきと対処法が得られます。

(1) あなたが直面した感情を受け入れる(「受」のステップ)。
(2) その感情の目的や意義を選び取る(「選」のステップ)。
(3) 目的に沿って実行に移す(「実」のステップ)。

このフォーマットは怒りの感情以外にも共通しています。

コピーして「付録1(P.206)」をもとにして、それぞれに記入してみてください。

「受」のステップ	状況: 思考: 感情: その際の行動:
「選」のステップ	感情の目的: 感情の意味:
「実」のステップ	新しい目的: 新しい思考: 新しい行動: 新しい感情:

ルート営業の新規開拓で、どうすればより効率よくなるかを考える会議で、部下がお金のかかるプロモーションなど、非現実的な提案ばかりしてきたとします。上司は最初こそ困りながらも笑顔で「無理なんじゃないか？」と軽く否定していましたが、時間とともにイライラが募ってくると、「そういうのはさっきから無理だって言っているだろう！　営業トークの改善なり、回るエリアの見直しとか、もっと現実的なことを考えろ！」と怒鳴ってしまいました。

ありがちなシーンですが、これは上司が怒りを表すことで自分の優位を証明しようとする行為です。

怒りの中で暗黙のうちに「私はお前を正す役割を担っている」「お前は上司である私に従属する立場だ」と主張しているのです。

また、先ほど例に挙げた子どもの習い事でけんかする夫婦では、怒りの感情を示すことで、相手を屈服させることを意図しています。

結果的に自分の要求を、相手に飲ませることに成功するのです。

そして、政治的なデモなどに参加する人は、怒りのシュプレヒコールを上げることで、「自分はアクションを起こした」というある種の達成感を得ることになります。

怒りを発揮するシーンによって、3つの結果のどれを獲得するかには違いがありますが、いずれにしても、怒ることで、自己の利益を得ようとしている点では共通しています。

怒りは決して悪い感情ではない

また、「怒り」と一言でいっても、そのレベルは「気障《きざわ》り」「苛立ち」といった軽いものから、「憤怒《ふんぬ》」「激怒」までさまざまです。

そして、怒りには身体と結びつけた表現が豊富なところにも特徴があります。

「はらわたが煮えくりかえる」、「頭から湯気を立てる」、「口をとがらせる」、「腹の虫が収まらない」など、怒りは私たちが日常的に抱えやすい感情であることを如実《にょじつ》に表しています。

これくらい身近な怒りの感情ですから、むしろ抱いて当然なのです。

私たちは怒りを発散することで、精神の平衡《へいこう》を保っています。

たとえば正義の怒りを表明することで、直接的に人を傷つけるわけではありませんし、むしろ世の中をよい方向に改善する力になるかもしれません。

ですから、「怒りの感情＝悪」という図式が絶対、というわけではないのです。

〝怒りグセ〟がついてしまうと問題解決できない

ただし、怒りによって相手を変えようとする限り、その目的はなかなか達成することはありません。

怒りによって、相手に「変われ」と詰め寄れば詰め寄るほど、相手は意固地になっていくわけです。

世の中には怒りっぽい人と、そうでない人がいます。

怒りっぽい人は、子どものころから怒りの感情を使うトレーニングをしてきた人です。

たとえば、小さな子どもが「お菓子を買ってほしい」「おもちゃを買ってほしい」と駄々をこねます。

親が子どもの要求をのんで買い与えたとしましょう。

すると、子どもはそれを成功体験として認識します。

駄々をこねればほしいものが手に入るというわけです。

これが長じると、日常的に怒りを発動するクセがつきます。

○話を聞いてくれない上司に、反発してしまう

○スーパーのレジ処理に時間がかかると、店員に怒る

○電車が遅延すると、駅員に食ってかかる

○言うことを聞かない子どもを怒鳴る

このように、怒りのクセがついている人は、怒りによって問題を解決することを、簡単に選び取ってしまいがちです。

しかし、怒りだけですべてがうまくいかないのは、怒っている人自身が自覚しているのではないでしょうか。

上司は忙しかったのかもしれませんし、スーパーのレジは小銭が一瞬足りなかったのかもしれません。駅員はそもそも遅延の原因ではありません。

また、子どもを怒鳴ったところで、泣き出すだけでしょう。

さて、ここで改めて問い直してみてください。

これからも怒りの感情を使い続けて生きるのか。
それとも、怒りを上手にコントロールしながら生きていくのか。

人は、この二つの道を自分で選ぶことができます。

選び取った後に必要なのは、感情の使い方を再学習することです。

そして、その再学習は、いつでも始めることが可能です。

二次感情に隠れた一次感情を汲み取る

さて、怒りの感情の裏には、別の感情が隠されていることがあります。

ある例を挙げましょう。

とある電気機器メーカーの営業部で、月間ノルマを達成できていない部下を叱りつける上司がいたとします。

「なんだこの情けない成績は⁉　君はこの数字を見てなんとも思わないのか。なんとか言ってみたらどうなんだ！」

会社で上司が部下を叱る（怒る）というのは、よく見る光景です。

多くの人は、「あの部長、また怒ってるよ……」と思っていることでしょう。

ですが、こんなふうに**会社で部下に対して怒っている上司の大半は、実は部下に対して、「落胆」という一次感情を持っているから**なのです。

「この部下なら、もっとできる」と期待していたのに、その期待が裏切られた――その落胆を、怒りという二次感情に乗せ、部下に対してぶつけているというわけです。

また、これは家庭でもよく見られるケースですが、夫が健康診断の結果、糖尿病であると判明しました。

妻は心配して、食事療法を熱心に勉強し、バランスのよい食事をつくるようになりました。

ところが、本人はどこ吹く風で、外では相変わらず脂《あぶら》っこい食事を楽しみ、食後には砂糖をたっぷり入れたコーヒーを飲み、医者から勧められた運動にも取り組もうとはしません。

多くの人は堪忍袋の緒が切れることでしょう。

「あなた、何やっているの？　全然病気を治そうとする気がないじゃないの！

何のために私が頑張って食事を用意していると思っているの!!」

このとき、妻の怒りの感情の根底にあるのは、「夫の健康を心配する」という気持ちです。

この**心配こそが「一次感情」**なのです。

まず心配という「一次感情」があって、その感情が満たされないために、夫に対して**怒りという「二次感情」**を使ったというわけです。

いずれの例も、怒っているほうも怒られているほうも、怒りの一次感情に気づいていません。

怒られたほうは、怒られたというつらいイメージだけが残り、人格が否定されたような気持ちになり、どうすればよいのか解決策を見つけようとはしなくなります。

場合によっては、あなたが怒れば怒るほど、相手はますます意固地になって反発し、怒られるような行為を隠れて行うようになります。

「私メッセージ」で伝える

こうした自らの「怒り」をうまくコントロールする方法の一つとして有効なのは、**一次感情を使って伝える**ことです。

まずは、自分の怒りの一次感情は何かを探ります。そしてそれを「私メッセージ」で伝えるのです。

多くの人は、怒りの感情を相手にぶつけるときには、

「お前は、どうしてそういうやり方しかできないんだ⁉」

「あなたはまた私に手間ばかりかけさせて……！」

などと、主語が「相手」になりがちですが、これは一番やってはいけないことです。

これを「YOU《ユー》メッセージ」と呼んでいます。

「YOUメッセージ」で伝えるというのは、相手に対して審判的・批判的な態度であり、往々にして相手の態度や行動を決めつける言い方になってしまいます。

この「YOUメッセージ」に対して、「私」という一人称を主語にして、自分の意見を表明するのが「私メッセージ」です。

「私は、もっと違ったやり方のほうがいいと思うんだけど？」

「私だったらこうしようと思うけど、どうかな？」

このような「私メッセージ」では、**相手への決めつけにならずに、あくまで自分のいち意見として伝えています。**

この伝え方は、**アドラー心理学が目指す、受容的・共感的な態度を表すことに、とても効果的**なのです。

この視点から、60ページでの、夫の糖尿病を心配する妻のケースを再び見てみましょう。

妻は「YOUメッセージ」で、「あなた、何やっているの？　全然病気を治そうとする気がないじゃないの！」と怒っていました。

これを、一次感情を使っての「私メッセージ」に変えてみると、どうなるでしょうか。

「私はあなたの体のことが心配なの。だから、食生活を直してほしいんだけど」

どうでしょう、ずいぶんソフトな言い回しになったと思いませんか？

「心配している」という、根本の一次的な気持ちを伝えることで、相手のために自分も協力したい、一緒にやっていきたい姿勢を伝えられるようになります。

アドラー心理学がいうところの、「共感」に基づく対応になるのです。

そうすれば、具体的なアプローチを模索していくこともできるはずです。

仮に一度怒りの感情をぶつけてしまったあとでも、改めて一次感情を伝えるというフォローの方法もあります。

たとえば、会議の場で部下に対して怒ったあと、ランチの場に部下を呼び出し、フォローするようなケースです。

「さっきは厳しい言い方をしてしまったけれど、君には期待を持っているからなんだ。だから、もっといい仕事ができるような方法を一緒に考えていこう」

そうすれば、部下が抱えていた否定的な感情も和らぎ、良好な関係を取り戻すことができます。

自分の怒りをスケーリングする

37ページでもお話ししましたが、他者に対して怒りをぶつけすぎると、相手を傷つけたり、相手から恨みをかったりすることにもなりかねません。

「他責」として怒りを露わにすると、対人関係を悪化させる可能性が大きくなるのです。

その一方で、自分に向けた怒りの感情も、もちろんあります。

仕事やプライベートに関係なく、「なんで、自分はこういうバカなことばかりしてしまうんだ……！」と、むしゃくしゃしたことはありませんか？

こうした「自責」という形で怒りの感情が使われてしまっている場合、病気のレベルになる「うつ」を引き起こすリスクがあります。

そうなってしまうと、心理的にも相当な負担がかかってしまうため、避けねばなりません。

そこで、怒りそのものを消すことは不可能ですから、怒りを向けるバランスを適度に調整することを考えるのです。

第1章でもお伝えしましたが、自責と他責の割合は「五分五分」にするのが理想です。

他者に怒りすぎると自分自身を反省する姿勢が疎《おろそ》かになりますから、適度に自分を責めて自分の態度を見直します。

そして、**自分にばかり怒りすぎると、自分のエネルギーがダウンしてしまうの**

で、適度に他者を責めて精神の健康を保つのです。

ここでは自責と他責のバランスを取るための、自分の怒りの測り方をご紹介しましょう。

ある出来事について、「自分は何対何で相手と自分を責めているか？」を自己分析するというものです。

これはふとした瞬間に頭で思い描くのもよいですし、ノートなどに毎日記録表をつけるのもおすすめです。

具体的には、69ページで紹介するワークを元に、自分の怒りを客観的に数値化してみるのです。

この表から、明らかに相手を責めすぎていると気づいたときには反省をしてみましょう。

逆に、自分を責めすぎていると気づいたら、少し怒りの矛先《ほこさき》を相手に向けてよいのです。

怒るのではなく、〝注意〟を与える

怒りをコントロールする方法には、言葉に出して自分の思いを伝える「コミュニケーションのコントロール」と呼ばれるものもあります。

怒りの感情を抱えていると、心の中のもどかしさが増幅していき、それが爆発して相手を罵倒《ばとう》するような事態にもなりかねません。

そこで、怒りの元となる違和感を抱いた段階で「○○に対して、□□という問題があるので改善してもらえないでしょうか」などと、相手に考えを伝えることで解決を図っていくのです。

言葉で相手に伝えるときには、相手との信頼関係を損なわないようにするのがポイントです。

よく、「怒ると叱るは違う」と言われることがあります。

自責と他責のバランス表

怒ってしまった出来事	
どういう信念が働いたか?	
考えられる一次感情	
自責 対 他責の割合	自責　　％　　他責　　％
今後似た場面でできること	
気づいたこと	

「怒る」が感情をそのまま表明するものであるのに対して、「叱る」は望ましい方向へと相手をリードする目的があります。

ただし、**「叱る」は往々にして感情的な対応になりがち**です。

声をあらだて、相手の欠点をとがめて叱った場合、叱られた相手にとっては単に自分を否定されたという思いだけが残り、何のために叱られているのかがわからなくなります。

私は、研修において、叱るよりも「注意を与える」ことを推奨しています。

注意を与えるとは、相手に向かって気をつけるように伝えることであり、感情的でないソフトな対応です。

注意を与える際に気にかけておきたい指針は、以下の3つに集約されます。

○相手の不適切な習慣や行動を改めさせる
○相手を一段上のレベルに成長させる
○やる気がない人にやる気を起こさせる

これによって相手に自分の期待を伝えて、相手との信頼関係を高めるという効果が得られるのです。

怒りの感情を伝えるときには、**何のために自分は相手に伝えようとしているのかを、はっきりと認識することが大切**です。

そうすれば、単なる怒りの表明でもなく、また叱るでもなく、ソフトに注意できるようになるはずです。

注意を確実に届ける2つの方法

また、自分が相手に対して持っている期待を伝える「注意」の与え方として、次の2つの方法があります。

①現状に注意を与える

まず、現状で、お互いの間で問題となっている部分にピンポイントで注意を与えます。


「教えたことと違うことをやっているね」

「君らしくないことをやっているんじゃないか」

「少し手を抜いているように見えるのだけどな」

こうした、具体的な声のかけ方が初めの段階では効果的でしょう。

②現状を打破するために注意を与える

現状を確認したうえで、次に、未来に向けて期待を伝えます。

具体的には次のような声をかけます。

「このレベルに甘んじてほしくない」

「もっと高い目標にチャレンジしてほしい」

注意を与える場面は、原則として1対1のシチュエーションがよいでしょう。

ただし、以下の条件を満たすような場面では、集団の中で注意を与えたほうが効果的なこともあります。

○集団全体に対する教育効果を狙うとき（事前了解を取り付けておく）
○注意を与えられる側が精神的にタフである
○注意を与える側に信頼感を確保できる人徳がある
○事後に適切なフォローがある

かつて読売巨人軍を指揮していた川上哲治監督は、長嶋茂雄選手に対しては叱り、王貞治選手に対してはあまり叱らなかったといいます。

それは、長嶋選手には叱られても動じないタフさがあったからだといいます。

川上監督は、叱られても平気な長嶋選手を見せしめ的に叱ることで、チーム全体に緊張感をもたらす効果を狙っていたわけです。

ただし、この例からもわかるように、**注意を与える側、与えられる側に高度な**

信頼関係がないと、集団内で注意を与える効果を得ることはできません。

その点を十分に配慮することを忘れないようにしてください。

自分の信念をゆるめる

怒りへの対処として、思考のコントロールを行う方法もあります。

人が怒りの感情を持つときには、「○○すべき」「○○しなければならない」という信念が伴っています。

たとえば、銀行のATMで整然と列を作って順番を待っているところに、突然誰かが割り込んできたとき、瞬間的に怒りの感情が湧くことがあります。

これは、「列というものは、横入りではなく、きちんと並ばなければならない」という信念に裏付けされた怒りです。

これに対して、「必ずしも○○とは限らない」という思考へとゆるめることによって、怒りの感情をコントロールできるようになります。

「必ずしも整然と並ぶ人ばかりではない」

「世の中には、割り込もうとする人はいるものだ」

「たまたま今日は、割り込もうとする人を見てしまっただけだ」


そう思考することで、状況を受け入れることができるようになるのです。

また、信念は義務感とも密接に関係しています。

「○○すべき」「○○しなければならない」と信念を強く持っている人は、すべて自分が引き受けなければならないという義務感から、「なんで自分ばかり○○しなければならないんだ」という怒りを抱えることにもなりかねません。

そうであるならば、適度に義務感から自分を解放することも大切です。

たとえば、上司から残業を頼まれたときに、義務感から引き受けた後で怒りの感情を抱えるくらいなら、時にはきっぱりと「ノー」と言えばよいのです。

「すみません。今日はどうしても都合が悪いのです」

「明日の午前中でしたらお手伝いできますが、いかがでしょうか」

心のどこかで「好かれたい」「嫌われたくない」と思うからこそ、人は過剰な義務感を抱えてしまいがちです。

一度くらい残業を断ったからといって、決定的に自分の立場が悪くなることなど、ほとんどないと思います。

ですから、時には「ノー」を言う勇気を持っていただきたいのです。

「建設的—非建設的」の判断軸で考える

怒りのあまり、どうしても相手を許すことができず、法的手段に訴えようと考えたことはありませんか（ちなみに、私はあります）。

ある人が、名誉を傷つけられたとして弁護士に相談したところ、そのケースは十分に相手を訴えられるだろうという見解を示されました。

そのことを、中国出身の気功の先生にも相談したところ、先生はおもむろに、ホワイトボードに「怒不争」という言葉を書いたといいます。

「怒るけれども、争わず」という意味です。

アドラー心理学を学び、実践している私は、この話をこう解釈しました。

「怒りが湧くのは仕方がない。だが、怒りをもって相手との争いに発展させるかどうかは自分しだい。自らの怒りを認めつつ、争わないという選択肢を選べる」

この言葉は、中国思想の考え方で、アドラー心理学とは一見関係ないように思えます。

その実、アドラー心理学の本質を突く言葉でもありました。

人は争いを続けている限り、怒りも持続します。

逆に、**争わないことを選んだときから、怒りをコントロールできるようになります。**

どちらを選ぶのかは、自分なのです。

怒りに任せて訴えようとしていた人も、「許せない」という思いをきちんと受け止めつつ、裁判という最悪の泥沼を避ける判断に至ったと聞きました。

確かに、相手を法的に訴えて、時間と費用をかければ、自分の正しさを証明することはできたかもしれません。

しかし、それでは主導権争いに勝ったというだけであり、決して建設的ではないといえるでしょう。

それでも、あなたは怒りを負の方向へ使う選択肢を選びますか?

私たちが怒ったときには、争いにまで発展させてしまうことが少なくありません。

こんなときは、「どちらかが正しい、または正しくない」という「正―不正」という判断軸が優位になりがちです。

「正―不正」の判断軸を持つと、「○○すべき」という判断から逃れることができなくなってしまいます。

建設的―非建設的の考え方

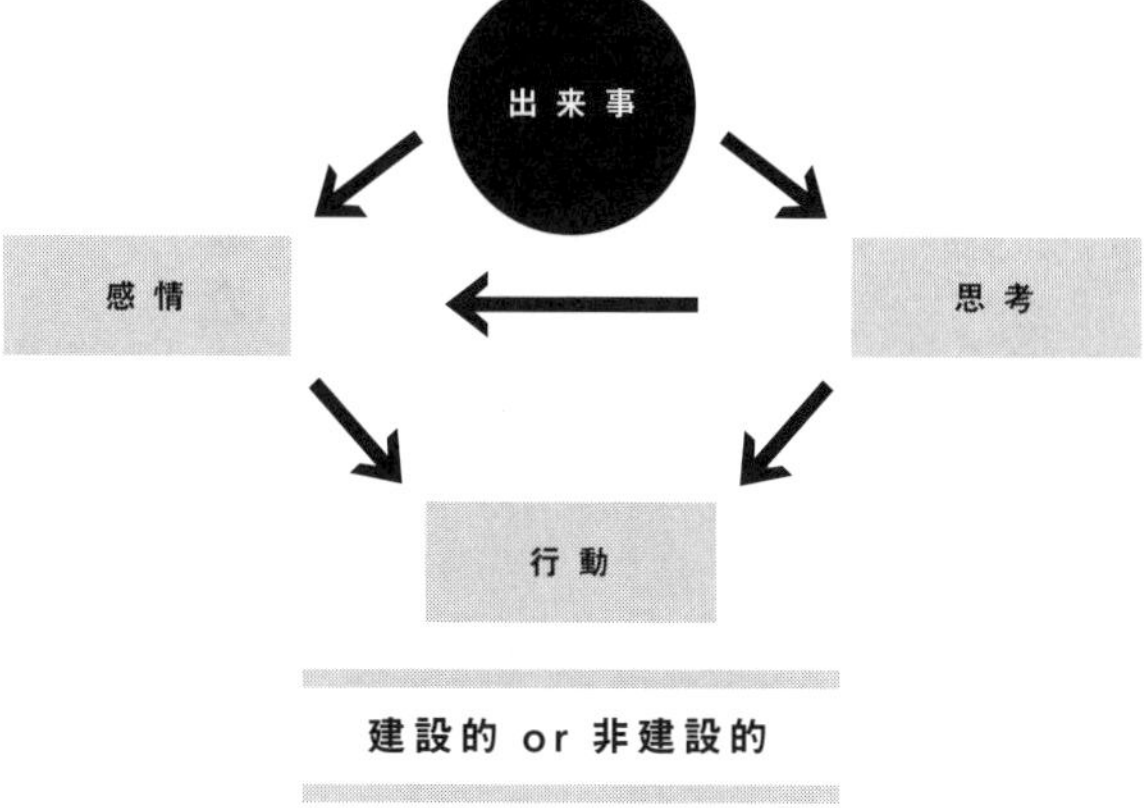

必然的に、怒りの感情を抱え続けることになるのです。

しかし、**アドラー心理学では「正―不正」の判断軸ではなく、「建設的―非建設的」の判断軸を重視します。**

この問題は、自分と相手にとって、あるいは職場にとって、家庭にとって、もっと広い視点から共同体にとって感情を発揮することが、建設的であるのか、非建設的であるのか。

それを考える習慣をつけることが大切です。

このトレーニングを続けることで、怒りをコントロールする力も備わってくるに違いありません。

「許せない！」が「恨み」に転化する

怒りにも関連する感情には「恨み」というものがあります。

「許せない」なんていうのは、瞬間的な怒りだけでなく、継続的な恨みにもつながっていくのです。

恨みは、弱者が復讐《ふくしゅう》を目的として、相対的強者を相手役にして表れる感情です。

簡単にいえば、恨みを持つとは、弱い者が強い者に対して、「復讐したい」と思い続けている状態です。

一般的には、親子間で子どもが一方的に親に恨みを抱くケースが頻繁に見られます。カウンセラーである私は、親に対して家庭内暴力をふるう子どもたちに何度も接してきました。

こうした子どもたちの心の根底にあったのが、恨みの感情です。

たとえば、父親から虐待を頻繁に受けていた子どもが、大人になって父親に暴力をふるうようになった男性のケース。

また、長女である自分よりも、弟をかわいがっていた母親に対して、30歳になってまでも暴言を吐き続けている女性のケース――。

こうした実例を見ていくと、恨みの特質は次のように整理できます。

○怒りの感情グループに属している
○相対的弱者が相対的強者に対して抱く
○満たされない依存に基づく
○いくら償っても果てしなく続く

復讐の感情は怒りに基づいて生じるため、恨みは怒りの感情グループに含まれます。

ただし、怒りが比較的瞬発的に起こる感情であるのに対して、恨みは長年にわたって続くという違いがあります。

恨みの感情を持っている人は、「自分は正しい」「自分の権利が侵害されている」「自分は傷つけられている」と考えます。

「これだけ傷つけられているのだから、当然その相手を傷つける権利を持っている」

「その権利を求めてアピールを続けなければならない」

こうなると、人は恨みを持つかぎりにおいて、相手より優位に立つことができます。

逆にいえば、一度恨みの感情を持ってしまうと、簡単に放棄できなくなってしまうわけです。

恨みを継続してしまう3条件

人間関係で恨みが継続しやすい条件として、以下の3つが挙げられます。

○強者の側にデリカシーが欠けている
○強者の側が際限なく謝罪し続ける
○両者を調整する第三者がいない

人から恨みを買いやすい人は、強者であると同時に、デリカシーに欠ける傾向があります。

相手の気持ちに配慮せずに、相手を傷つけるような言動を取るからこそ恨みを買ってしまうわけです。

一方で、**ひたすら謝罪し続ける人も、恨みを助長します。**

恨みを抱いている人は、謝罪を受けても恨みを解消することはできません。

むしろ、謝罪で幕引きされようとすることに納得できず、いつまでも恨みの感情を引きずります。

かつての日本では、人間関係で恨みの感情が発生しても、第三者の介入という形で解消できる土壌がありました。

たとえば親子間でトラブルが起こったとき、第三者である親戚のおじさんなどが、お互いの間に入って忠告するシーンがしばしば見られました。

しかし現在では、特に家族の問題、個人的なトラブルには親族や親しい知人といえども介入しにくい風潮が広まり、**結果的に、調整役が存在せずに、恨みが暴力などのトラブルへと発展するケースも増えています。**

また、父子間のトラブルでは、本来は母親が調整役になれるはずなのですが、母親がどちらか一方に荷担したり、逆に、もう一方をたき付けて責めさせたりしているようなケースも見られます。

こうしたことが続いてしまうと、どんどん恨みの感情が膨らむばかりで、コントロールなどできるはずがありません。

人に恨みをぶつけても消えない

恨みの感情の恐ろしさは、いくら償っても果てしなく続くというところにあります。

そして、そんな危うい人生を、自ら積極的に選んでしまっているケースも、非常に多く見られます。

私がカウンセラーとして、これまで恨みの感情に苦しむ家族に関わってきた中で、印象的だったのが、「妻から実親との縁切りを迫られた夫」というパターンです。

夫は医師、妻は看護師としてクリニックを営む、世間的に見れば恵まれた夫婦でありながら、二人は家族関係で深刻な問題を抱えていました。

具体的には、夫の両親が二人の結婚を快く思っていなかったのです。

夫は、父親が医師という家庭に育ち、夫の実家では、男性医師は女医と結婚するのが理想とされていたといいます。

要するに妻となる人間の価値を、キャリアで判断しているのです。

彼ら夫婦が、結婚の報告のため、夫の実家を二人揃って訪ねたところ、夫の両親からあからさまに嫌みを言われました。

「なんだ、看護師さんか」

妻はその言葉に、大変ショックを受けました。

結婚そのものを破棄されることはありませんでしたが、妻は結婚後、子どもの出産を控えた大切な時期に、夫にこう言いました。

「結婚の挨拶に行ったときのことを覚えている？　あのとき、私はあなたの両親から『なんだ、看護師か』とバカにされたのよ。私はその屈辱を生涯忘れないからね。子どもが生まれても、あなたの両親には絶対に子どもを見せるつもりはないから」

このように、妻は夫に対して実家との縁切りを迫ったのです。

困惑しながらも夫は妻の言うことにしたがい、実家との縁を切りました。

以来、10年近くがたちますが、夫の両親は孫の顔を一度も見たことがないといいます。

このケースでは、夫が実家と縁を切ったあとも、妻の恨みは解消することはできずにいるのです。

いくら相手に恨みつらみをぶつけたところで、自らが恨みから解放されるということはありません。

むしろ、恨みを抱いた自身ですら苦しむことになっていくケースが多いといえるでしょう。

自分から恨みへ〝卒業宣言〟する

人は、恨みの感情を抱いてしまったとき、恨みを晴らせば、その恨みの感情自体とも縁を切ることができると考えがちです。

ひどい場合には、丑《うし》の刻参《こくまい》りなどで恨みを晴らそうとする人もいます。

しかし、そんな非現実的な方法では、恨みの感情から解放されず、余計に苦しむ結果となります。

では、私たちが恨みの感情を抱えてしまったときは、どのように対処すればよいのでしょうか。

ここで大切なのは、建設的な思考から「許す」ということです。

「許す」といっても、恨みの対象である相手を簡単に許すことなど不可能でしょう。

ですので、**まず恨んでいる自分自身を許すのです。**

「自分は、仕方なく相手を恨んでいた」

「恨みを持ってしまった過去は変えようがない」

と現状を認めます。

そのうえで、結末の予測を行います。

「このまま自分が恨み続けると、どうなるのか」を考えるのです。

「恨み続けたところで、何か改善するのか」

「自分自身が幸せになれるのか」

こうして、自分の未来を建設的に予測していきます。

およそ幸せになれそうにないなら（大方はそうですが）、恨みにエネルギーを注ぐのをやめるべきです。

こうして、恨みからの〝卒業〟を宣言し、自分の幸せにつながる行為にエネルギーを注ぐようにするのです。

あなたが恨みに向けていたエネルギーを、別の対象に向けることで人生がうまくいくようになれば、恨みとの距離も完全に遠くなるはずです。

なぜなら、あなたは〝相対的強者〟になるからです。

社会的に成功している人は、社会的に不遇な人をあえて恨んだりはしません。

つまり、自分自身で〝弱者〟であることをやめれば、恨みは自然と解消に向かうということです。


イライラで悩まされているあなたも、気づいていないだけで、実は「弱者である自分」を選んでいるのかもしれません。

ですが、**「弱者でない自分」を選ぶこともできます。**

怒りを恨みに転化させてしまう人生か、それとも、怒りを受け止めて許していく人生か——どちらを選ぶかの決定権は、あなた自身が握っていることを忘れないでください。

本章のまとめ

●怒りには、「他者の支配」「主導権の優位性」「自己の権利擁護」「正義感の発揮」の4つの目的から生じる

●怒りはあくまで二次感情であり、隠された一次感情がある

●怒りの表明には、「私は〜」というコミュニケーションを使う

●「正―不正」の判断軸から、「建設的―非建設的」という判断軸に変える

●怒りが「恨み」に変わったら、自分にもたらされる結果を想像する

第3章

不安が人生の課題を教えてくれる

あなたをモヤモヤさせる不安の正体

「業界不況の中、このまま今の会社で働き続けていいのだろうか……」
「結婚せずに、独身の将来を想像すると気が重くなる」
「老後の生活が不安でしょうがない」

このように、私たちはさまざまなシチュエーションで不安を感じることがあります。

こうした不安はどうして生まれるのか。
そして、どうコントロールすればいいのか。
それが、この章でお伝えしたいことです。
まず、不安という感情には次のような特徴があります。

①未来に属する時間軸の感情である

②対象が漠然としていて、手立てがはっきりしていないときに生じる
③私たちに何らかの対処を迫る感情である

以上の特徴をもとにすると、不安という感情は次のように定義できます。

「未来（近未来）に直面しなければならない課題がある。だが、その内容が明確ではないため、向き合わなければならないと思いながらも、十分な対処ができないでいる感情」

たとえば、毎年のように新卒採用された新人たちが入ってくる企業・職場にいるとしましょう。

そうした職場に在籍している、いわゆる「若手ビジネスマン」たちは、「自分よりもデキる奴が来たらどうしよう」といった不安が頭をよぎるのではないでしょうか。

しかし、新人の出来・不出来などは、実際に一緒に働いてみるまでわかりようがないはず。

また、新人の有無に限らず、30～40歳を前にして思うような評価を会社から得られていないと感じていると、「このまま窓際コースかな……」と、漠然とした不安に襲われることもあるかもしれません。

こういったケースでは、**自分なりの努力をしても改善されないという思いも手伝って、漠然と「何をすればいいのかわからない」という思いにとらわれてしまいます。**

結局、どちらのケースも、「対策をしなければならない」とは思っていながら、具体的な行動には着手していない、または、対策のしようがないものです。

こうした環境から「不安」という感情が生まれていくのです。

「不安」と「恐怖」は違う

不安と恐怖の「時間軸」の違い

	不安	恐怖
時間軸	未来（近未来）	現在
対象と対処	明確でなく、充分な対処ができない 内的要因が強い	対象がはっきりしていて、それなりの対処をしている 外的要因が強い

不安と似た感情に「恐怖」があります。

この両者の違いは、**時間軸でとらえると明確になります。**

不安は、前述したように、未来、あるいは近未来という時間軸に属しています。これに対して、恐怖というのは、すでに直面している現在の時間軸に属する感情です。

これを定義すると、次のようになります。

「恐怖は、自分の存在、状況が危機に瀕《ひん》したとき、その対象はある程度はっきりしていて、緊急の対処を求められている感情」

すごく簡単な例で、不安と恐怖の差をご紹介しましょう。

ある男性が、ホラー映画好きの彼女とデートの約束をし、彼女の希望で、テーマパークのお化け屋敷に行くことになりました。

ところが、実は彼は子どものころからお化けが大の苦手で、できればお化け屋敷にも行きたくありません。

「弱ったな〜」

――彼女とお化け屋敷でデートすることになったけど、最後まで彼女をエスコートできるだろうか……。

このとき、彼の心の中を占めているのは不安の感情です。

まだ直面していないお化け屋敷のことを考えて、恐れているのです。

そうこうしているうちに、彼の不安は解消されないまま、デート当日がやってきました。

平静を装いながらも、恐る恐るお化け屋敷の中へと入っていくと、暗闇の中から特殊メイクで塗り固められたゾンビ役が、出し抜けに顔を出しました。

「ギャ――――――!!!!」

彼は、びっくりして大きな声を上げてしまい、思わず彼女にしがみついてしまいました。

このケースでは、お化けに直面した瞬間、彼は恐怖を感じました。

すでに現実として直面したことに対して恐怖を感じる――これが、恐怖は現在の時間軸に属しているという意味です。

不安と恐怖はまったくの別物ですが、共通しているのは、両者ともに次の二つを目的としていることです。

○自己の身を守る

○自己を何かしらの行動に駆り立てる

自分を守るために、何かをしなければならない。

まずは、私たちが不安を感じるときの、根底にはこれらの目的があることを知っておいてください。

「相手役」で不安の質が変わる

人が不安を抱えるときには、「相手役」の存在があります。

「相手役」は他者の場合と、自分自身の場合の2種類に分けられます。

私は、他者を相手役にする不安を「依存的不安」、自分自身を相手役にする不安を「実存的不安」と呼んでいます。

「依存的不安」とは、不安を訴えて誰かに依存するために使われる不安の感情です。

夜、幼い子どもが「パパ、トイレが怖いから一緒に付いてきて……」と懇願《こんがん》するときの不安といえばわかりやすいでしょうか。

依存的不安と実存的不安の違い

依存的不安　不安を誰かに訴えたいだけの感情

例　子どもが親から離れたがらない、など

▶ **相手役に依存した不安**

実存的不安　自分の将来などに対しての感情

例　夢が叶うかどうかモヤモヤする、など

▶ **自分自身に対しての不安**

これに対して、**「実存的不安」**とは、**よりよく生きようとするときに、不確かな将来に対して抱く不安**のことです。

たとえば、子どもを授かった夫婦が、幼い子どもを前にこう思います。

「自分はこの子に満足な教育を与えることができるだろうか、一人前に育てられるだろうか」

このとき、この人が抱いているのが実存的不安です。

理想や期待を持っていながらも、それが本当に実現するのか漠然としていて、しかも、しっかりとした手立てを講じられていない。

こんなとき、人は実存的不安を感じ

ます。

そして、多くの人は自分自身について不安——つまり、実存的不安を抱きやすいというわけです。

この実存的不安は、未確定の未来への不安でもあるので、自らの選択によって、解消できたり、幸福になる材料となるのです。

不安と心配の違いは「支配性」

不安と似た感情には、恐怖だけでなく、「心配」もあります。

心配とは、自分自身よりも、他者に対して向けられがちな感情です。

上司には、「あいつ、仕事の報告をしてこないけど大丈夫か？」と、後輩や部下のことを「心配」することがあるでしょう。

こうした心配は、支配性の強い人が抱きやすいという特徴があります。

たとえば、一人で行動するのが怖く、いつも誰かと一緒でないと落ち着かないAさんがいたとしましょう。

夏休みに旅行に行きたいと計画したAさんは、職場の友人のBさんに電話をかけてこう訴えました。

「お盆休みにアメリカ旅行に行きたいんだけど、一人だと怖いから、一緒に行こうよ」

二人が一緒に旅行会社に手続きに行くと、そこには二人の職場の別の同僚Cさんと、高校生くらいの息子がいました。

Cさんは、二人を見つけるとこう言いました。

「今度、息子が一人でアメリカにホームステイをしに行くって言い出したんだけど、本当に一人で行けるのか心配で仕方がないのよ。本当は私もついて行きたいくらいなんだけど、息子が『一人で行く』って聞かないから……」

さて、このとき、AさんとCさんは異なる「不安」を抱えています。

Aさんが発揮しているのは、Bさんに対する依存的不安です。

Bさんに対して寄りかかろうとするために、不安という感情を表に出しているのです。

これに対して、Cさんは息子さんのことを心配しています。

Cさんは息子を心配することで、「あなたは私に心配をかけている」「私はあなたを見守っている」という、自分のポジションを明確にしようとしています。

こうして「上から目線」で心配をする人は、自分が心配することで相手を支配したいという〝野心〟を抱えていることが往々にしてあります。

Cさんは独り立ちしようとしている息子に対して、自らの影響力を与え続けようとしているのです。

「あせり」は不安と恐怖の中間にある

「あせり」の感情も、「不安」と密接に関係しています。

不安が未来、あるいは近未来の時間軸に属していて、恐怖は現在の時間軸に属しているとお話ししました。

実は、この不安と恐怖の間に位置づけられるのがあせりなのです。

「近未来に果たさなければならない課題（目標）があるにもかかわらず現状が準備不足であるとき、何らかの対応をするよう警告する感情」こそが、あせりの正体なのです。


あなたが友人の結婚披露宴で、友人代表としてスピーチをお願いされたとしましょう。

多くの場合、お願いされるのは挙式のずっと前、最低でも2～3か月くらいの期間があるでしょうか。

この時点では、まだまだ先ですが、「どんなことを言えばいいのだろうか」と漠然とした不安を感じることになります。

しかし、これが挙式の数日前になってくると、不安はあせりへと変化します。

スピーチ内容や段取りなど多くが固まると今度は、「噛まずに話せるだろうか」などと、はっきりとした課題が見えてくるからです。

そして、いざ挙式が終わり、披露宴が始まると、この人の感情はあせりから「恐怖」へと変わっていくのです。

何度もトイレに行ったり、グラスを持つ手が震えたりするのは、恐怖を感じているからにほかなりません。

このようにして、**時間が経つにつれて「不安→あせり→恐怖」へと感情は変化していきます。**

もっとも、不安視していた課題がすべて恐怖として実現するわけではありません。

不安から恐怖に変化するにしたがって、対象となる課題は絞られてきます。

心配が怒りへと転化するとき

心配は他者の支配を目的にしたものである以上、時には攻撃的になる場合もあります。

極度な飛行機恐怖症の女性のケースをお話ししましょう。

彼女の夫は、仕事で地方に出張する機会が多いのですが、そのたびに彼女は「飛行機で行くのはやめてよ」と釘を刺します。

「妻が不安がっているから……」と、彼女の夫は飛行機の利用を避け、九州出張の際にも東京から新幹線で出かけるそうです。

彼女の夫は、心の中では海外勤務などを経験して、仕事の幅を広げたいと思っていながらも、妻の反対する姿が目に見えているので、会社にも希望を言い出せないままです。

この女性は、二言目には「飛行機なんて危ない。あなたのことが心配なの！」と言いますが、**本当は、自分の気づかないところで、夫を自分の思い通りにコントロールしたいと思ってしまっているのです。**

これが、心配のやっかいなところです。

「心配」というと、相手を思う〝善意の表明〟のように思われるかもしれませんが、その本質は支配性にあります。

ですから、**心配した相手が、自分の言うことを聞かないと、心配の感情は怒りの感情へと変わり、相手を攻撃しはじめます。**

先ほどの例で、夫が海外に転勤するといったら、妻はおそらく怒りの感情を爆発させるに違いありません。

「あれだけ心配してるって言ったのに……なんであなたはわかってくれないの!?」

「飛行機に乗って万が一のことがあったら、どうするの!?」

こうした心配から怒りへと転化するケースはまれではありません。

ですから、「心配の感情が悪影響を及ぼす危険性を、十分に認識しておく」ことが大切なのです。

不安は、未来への行動のきっかけ

ここからは、不安の感情をいかにして建設的に生かしていくかをご説明していきましょう。

実は、不安は、非常に人間らしい感情でもあります。

なぜなら、動物は未来を憂《うれ》いて不安になるようなことはないからです。

前述したように、不安の目的は「自分を守ること」「自分を行動に駆り立てること」です。

よりよく生きようとする人間だからこそ、不安になるのです。

我が家は、かなりの期間、火災保険には加入していたものの、地震保険には加入していませんでした。

2011年に東日本大震災が発生したことで、急に不安が募ってきました。

「もし首都直下型の地震が起きて、我が家が損壊するようなことがあったら、どうなるのだろう」

不安に対処するため、具体的に行動を起こすことにしました。

地震保険の資料を取り寄せ、加入を検討しはじめたのです。

保険料は高額でしたが、家族を守るためだと思い、加入することを決断しました。

このように、不安を持つことによって、私は家族を守るという行動に駆り立てられました。

つまり、不安を持つことで、将来の設計図を作ろうとする意思が働き、行動するようになるのです。

不安は決して悪者ではありません。

建設的に活用すれば、未来への行動の着手へとつながります。

不安を上手に活用するためには、不安に押しつぶされない程度に、コントロールする必要があります。

まず行動ではなく「準備」を

では、より具体的な不安のコントロール方法をご紹介していきましょう。

まずは、行動に向けた準備を行うこと、これが先決です。

ここで大事なのは、行動に移すのではなく、行動のための「準備」をするという点です。

不安を感じる元となっている課題について、できるだけ具体的な対策を立てるのです。

対策を考えるにあたっては、ビジネスなら会社の先輩や同僚、プライベートなら家族や友人など、他者の協力を得るのがもっともよいでしょう。

たとえば、自営業のFさんは、事業がうまくいかず、住宅ローンを払うのが難しくなっていました。

このままでは会社どころか、家を手放さざるを得なくなるかもしれない――どう対処したらいいかわからない不安で、Ｆさんの心は押しつぶされそうでした。

そこで、Ｆさんは思い切って、家族に現状を伝え相談しました。

その結果、長男に自宅を相続させる代わりに、長男が住宅ローンの一部を負うということで話し合いがまとまりました。

こうしてＦさんは他者の協力を得て、不安に対処することができたのです。

家族や親しい人に限らず、カウンセラーなどの第三者に相談することがあってもよい、と思います。

どんな形であれ、誰かに相談することで、自分の立ち位置が整うことに役立つことがあるからです。

他者から「こうしたほうがいいよ」と言ってもらうことで、向かうべき対象が明確になります。

優先度思考で考える

不安に対する準備をする際に重要なのは「優先度思考」です。

要するに、優先度の高いものから着手するということです。

私のクライアントさんには、「重要度―緊急度のマトリックス」（115ページ）を使って、自身の課題に気づいてもらうことを行います。


これは、課題を重要度と緊急度の高低で4つに分類する手法です。

あなたが抱えている課題を、大小にかかわらずすべて書き出してみましょう。

それを一つひとつ、重要度―緊急度のマトリックスを使って分類してみるのです。


注目すべきは、「緊急度は低いが、重要度は高い」項目です。

これこそが、あなたが不安としている課題であり、準備に着手すべき課題といえます。

まずは、この部分に入った課題から解消していくと、不安の感情をコントロールしていくのに効果的でしょう。

不安に感じている課題について考え、自分の立ち位置を決めれば、その瞬間からもはや不安はなくなります。

不安をコントロールするには「どうするか」を確定させればよいのです。

不確定な要素があり、ああでもない、こうでもないと迷うからこその不安なのです。

着手すべき対象が明確になったら、あとはとにかく行動あるのみです。

余計なことは考えずに、行動する。

それが不安に対する最大の対処法なのです。

期待できる要素を挙げる

不安をコントロールするもう一つの方法は、「期待の要素を考える」ということです。

人は将来についてマイナス要素を感じるとき、不安を覚えます。

緊急度―重要度のマトリックス

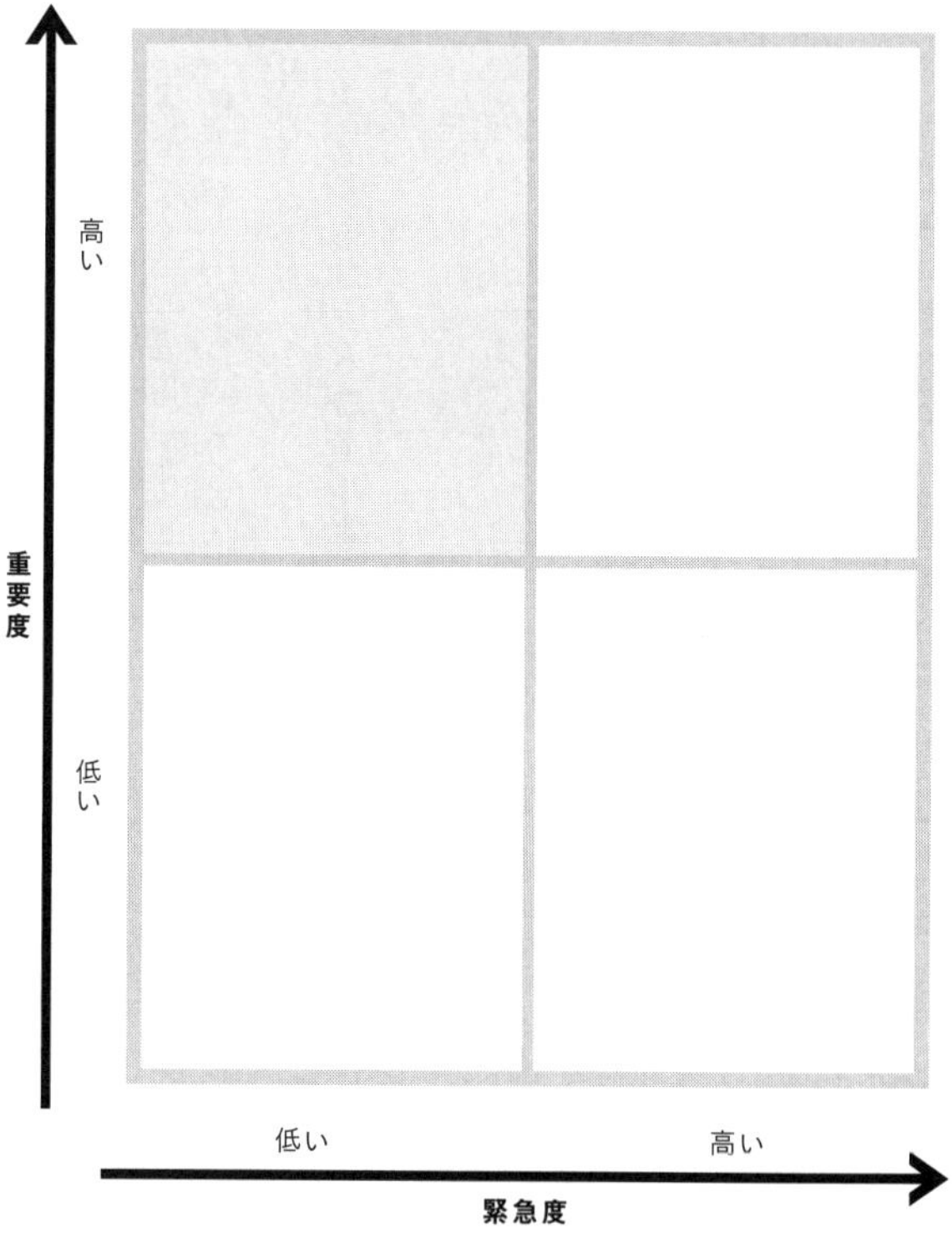

「緊急度が低く、重要度が高い」部分が、
不安を生み出している課題！

逆にプラス要素を感じれば、それは期待へと変わります。

不安と期待は、コインの裏表のような関係にあるのです。

たとえば、「新しい会社に転職してうまくやっていけるだろうか」と思うと不安になりますが、「新しい会社で自分の温めていた企画を実現しよう」と思えば期待感が高まります。

つまり、**不安をコントロールするには、未来をポジティブに考えればよい**のです。

これは、相手に対する不安も同じです。

相手への不安の裏側には信頼があります。

部下がきちんと仕事をしてくれるか不安に思うときには、部下を信頼してどっしりと構えていればよいのです。

不安は期待や信頼へと置き換えることが大切です。

そんなことを言われても、できないから困っているんだ、という声が聞こえてきそうですね。

ところが、ミシガン大学による不安の実態の研究結果（『夢を実現する戦略ノート』ジョン・C・マクスウェル著、齋藤孝訳、三笠書房）によると、合理的といえる不安は4～5％にすぎない、というデータも出ています。

いかがでしょうか？

合理的な不安はたった4～5％にすぎないという事実は意外に思われるかもしれませんが、これが実態なのです。

「案ずるより産むが易《やす》し」という言葉があります。

あれこれ不安に思っていても、実際にやってみると拍子抜けするくらい簡単だったという経験は、あなたも一つや二つくらいはあるはずです。

そして、ほとんどの課題は、実際に建設的に取り組んでみれば、何とか克服できるものが多いものです。

ですから、思い切って不安を期待に転換しても、何の問題もないのです。

「しんぱい」の言葉から、一文字変えてみる

不安と比較すると、いっそうコントロールしにくいのが「心配」という感情です。

どうしても相手を心配してしまう人は、どのように心配をコントロールすればよいのでしょうか。

これに関しては、**アドラー心理学的に、「尊敬」「信頼」「共感」という勇気づけのキーワードを使うことで解決できます。**

たとえば、チームでプロジェクトを進めている中、作業が遅い同僚がいたとします。

「何かの理由で進行しにくく感じているのではないか？」

「分担する仕事をまちがえたのではないか」

上司や同僚がそうやって心配する感情の背後に、実はその人に対する尊敬や信

頼が欠けている場合が少なくありません。

「この人は、スケジュール管理能力が足りない人なんだ」と考えているからこそ、心配しているわけです。

この場合で大切なのは、進行が遅れている人に対して尊敬の念を持ち、信頼し、共感することです。

何かあっても自分なりに対処できる、「ほう・れん・そう（報告・連絡・相談）」もできる——そう思えば、不必要に心配することはなくなるはずです。

先日、私はある母親の依頼でカウンセリングを行いました。

母親は、息子が引きこもってしまい、心配の種が尽きないといいます。

心配事を切々と訴える母親に対して、私はこうお伝えしました。

「心配の『ぱ』を『ら』に変えたらいかがでしょうか？」

そして、信頼の種を母親と一緒に探し始めました。

「引きこもっているとはいっても、時どきは友だちと会うことがある」

「ボランティアに出かけることはあるので、社会とつながろうとする意思はある」

信頼の種を挙げていく過程で、心配は信頼へと変わっていきます。

母親は自分が息子を信頼していなかったこと、心配を通じて支配しようとしていたことに気づき始めました。

母親の話を詳しく聞くと、自分の意識の80%は息子に向かっている一方で、夫に対しては5%にすぎないというのです。

私はこう続けました。

「息子さんは家にいるのだから少なくとも安全ですよね。それよりも外でどんな危険に遭うかもわからない旦那さんのほうを心配したほうがいいのではないですか?」

このケースでは、母親が過度に息子を心配しているのは明らかです。

このように、冷静に現状を分析すれば、自分の心配が偏った状態にあることに気づくこともできるのです。

不安が「あせり」になると、課題が見える

では、「あせり」はどのようにコントロールすればよいのでしょうか。

漠然《ばくぜん》とした課題を、感情面からはっきりさせてくれるものが「あせり」です。

私たちが、モヤモヤと不安に感じている課題を放置していると、不安は徐々にあせりへと変わっていきます。

不安に感じた時点で何らかの対策を講じておけば、あせりを感じることはなかったはずです。

つまり、**あせりとは人間に準備不足を警告する感情であり、その目的は「自分に準備を促すこと」にあります。**

人があせりを感じたとき、対応はおおよそ次の4つに分かれます。

〈1〉～〈4〉の順にあせりの度合いが高まります（123ページ図）。

せっかちと完璧主義が、あせりを生む

そして、あせりの感情を抱く人の特徴は、次のように分類されます。

①他者よりも優越しようとする、先に行こうとする傾向が強い
②仕事に完璧を求め、「ほどほど」という意識がない
③自分を「怠《なま》け者」とみなしている
④あせっているシチュエーションの夢を見ることが多い

以下、それぞれについて解説してきましょう。

①他者よりも優越しようとする、先に行こうとする傾向が強い

一般的に、あせりやすい人は、とにかくせっかちな人が多いものです。
たとえば信号待ちをしているとき、信号が青になるのを待ちきれず、フライン

あせりの度合い

① 必死に努力して課題を達成することで
現状を目標に近づける

② ギリギリで達成期限を先延ばししようとする

③ 「それほどの完成度でなくともいいや」と、
目標を引き下げる

④ 他者に課題を押し付けたり、
言い訳をしたりして
課題に取り組むのを断念する

上にいくほど、あせりが強まる

グして飛び出す。

あるいは、信号が赤になりそうなとき、無理やり走ってでも渡ろうとすることがあります。

とにもかくにも「じっと待つ」という、時間的余裕を持ちにくい場合が多いといえます。

仕事に関しても、他者の動向が気になり、心理的余裕を持ちにくくなります。

②仕事に完璧を求め、「ほどほど」という意識がない

時間的・心理的余裕を持てない一方で、やることには完璧を求めます。

私自身、研修を行うときには、実際に話をする1・5倍の資料を準備します。いつ不測の事態が起きても対応できるようにしておきたいからです。

しかし、準備する時間が足りずに、必要最低限の資料しか用意できなかったときには非常にあせりを感じてしまいます。

決して資料が不足しているわけではなく、間に合うはずなのに、あせってしまう。

これも、1・5倍の量のパワーポイントのスライドを準備しておきたいという完璧主義がもたらすあせりです。

人は仕事をする限り、あせりと無縁ではいられません。

私は40歳になったころ、「50歳になればあせらないようになれるだろう」と考えていました。

しかし、実際50歳になってみると、やはりあせりを感じる機会が多々ありました。

今度は60歳になったらあせらないだろうと思っていたら、やはり60歳でもあせっています。

このままいけば、おそらく70歳を過ぎた私もきっとあせりを感じ続けているでしょう。

「自分は怠け者」という人に、怠け者はいない

③自分を「怠け者」とみなしている

あせる人は、「なんでこんなことになるまで、何もしなかったんだ……」と、自分を「怠け者」とみなす傾向があります。

ですが、**アドラーは、「怠け者には目的がある」といいます。**

ここでいう「怠け者」とは、**自らのことを「怠けてしまった……」という自責の念を抱くことで、他者に言い訳をする人のことだから**です。

「自分が何かをできなかったのは、実力のせいではなくて怠けていたせいだ」

こういった主張をアピールするのは、そう表明することで自分が課題に取り組めない言い訳をしているということなのです。

本当に怠けている人は、自分が怠け者だとは認めていません。

つまり、怠けている（と考えている）人は、「自分はもっとできる」「もっと完璧にやらなければならない」と思い、それが達成できないときに自分を怠け者だとみなしているわけです。

ここからも、あせりやすい人は完璧主義者であり責任感が強い人であることがうかがえます。

そう考えると、**あせりを持つことは、人を向上させるともいえるのです。**

これがアドラー心理学で、あせりを破壊的な感情ではなく、むしろ建設的な感情に分類する理由にもなります。

あせりを感じなかったら、人はいつまでたっても何もしないでしょう。

たとえば、仕事で資料を提出する期限が来ているのに、あせるどころか平然といつものペースで進めていたら、当然資料作成は進まないでしょうし、周りもそんな人に仕事をお願いしたいとは思わないでしょう。

あせりは、あなたを行動に駆り立てるための味方であり、かけがえのない感情です。

ですから、目指すべきは、あせりをなくすことではないのです。

夢が教える現状の課題

④あせっているシチュエーションの夢を見ることが多い

あせりやすい人は、自分があせっている夢を見ることがあります。

私自身、しばしば高校時代のテストの夢を見ます。

夢の中で、高校生の私はテストを間近に控えています。

授業中、テストに出題されそうな数学の問題を習っているのですが、まったくちんぷんかんぷんで途方に暮れています。

「まずい……このままではテストで赤点を取るのは確実だ。どうしよう……」

そうやって嫌な気分で目を覚ますことがあるのです。

私は、現実に困難な課題に直面しているときに、高校時代のテストの夢を見ます。

人は夢を無目的には見ません。

夢は、近未来に直面する課題のリハーサルです。

テーマはまったく異なっていても、高校時代の夢を通じて、私は準備不足の警告を受けているのです。

夢が「課題をちゃんとクリアしなさい」というメッセージを与えてくれているのです。

テストの夢を見たあと、私はいつも猛然と仕事の準備に取りかかります。

改めて振り返ってみると、そうやって直面する課題をクリアしてきたように思います。

あせりの夢を見たときには、課題にきちんと向き合う必要があるということです。

「進んでいる」という小さな実感から始める

あせりをコントロールする方法の一つは、なんといっても事前準備です。

要するに、あせりの一歩手前である不安を感じている段階で対処しておくということです。

たとえば、1か月先のプレゼンが不安であれば、今からでも関連資料を買いあさって、少しずつでも隙のない資料作りを進めるようにすれば、プレゼンの日が近づいてもあせりが強まることはありません。

115ページでは、「重要度―緊急度のマトリックス」を使って不安に対処する方法をお伝えしました。

緊急度が低い段階で、重要度が高い課題に取り組んでおけば、あせりは確実に弱まります。

私も、書籍の執筆が思うように進まないときは、箇条書きのメモを作ったり、資料を準備したりするように心がけています。

原稿そのものが進まなくても、確かに前進したという実感が得られ、自分を追い込まずに済むからです。

前述したように、具体的な行動に移すと不安は解消され、あせりの予防にもつながります。

少しずつでも、準備への着手を心がけるようにしましょう。

準備にあたっては、他者の協力を得るのも一つの手です。課題を自分で抱えすぎるからあせるのです。

他者は、自分よりも課題の解決法を熟知していることが少なくありません。

不安を感じた早い段階で相談しておけば、あせりに対する備えも万全になるはずです。

あせりから生まれる力を信じる

先ほどは事前準備の重要性についてお伝えしましたが、世の中には確かにあせりを起爆剤にして物事を進めるタイプの人もいます。

前者は「先行逃げ切り型」、後者は「ラストスパート型」です。

小説家や漫画家は、締め切り直前になって急にペースを上げ、短時間で素晴らしい作品を作るという話を耳にすることがあります。

テレビでマラソン中継を見ていても、序盤から飛ばしてレースを引っ張っていくランナーがいる一方で、後半から追い上げてトラック勝負で逆転するランナーもいます。

こういった人たちは、あせりをきっかけに力を出す習慣づけを行っている人です。典型的なラストスパート型なのです。

ラストスパート型の人は、あせりながらも本来の実力を発揮しています。

それを考えると、必ずしもあせりを解消するのが得策とはいえなくなります。

ラストスパート型の人は、あせりは生涯の友であると自覚して、あせりと上手に付き合うことを考えましょう。

あせっているからといって、自分を責めないでください。

問題はあせりそのものではありません。

あせってからでも存分に力を発揮すれば恐怖心はなくなりますし、結果を出すことも可能です。

いずれにせよ、この際、先行逃げ切り型へと自己改造を図るのか、ラストスパート型のままで行くのかは、自分で選ぶことができるのです。

本章のまとめ

- 不安とは、未来の課題がはっきりとされていない状態のこと
- 不安を感じる目的には、「自己保身」がある
- 不安と心配の違いは、相手への依存度と支配性で決まる
- あせりは、課題を明確にするサインとなる感情
- 不安と期待はコインの裏表であり、不安が的中する確率はごくわずか
- 重要度と緊急度で、不安なことへの優先度を決める

第4章

疑惑の点検で嫉妬から自由になる

三者関係で生まれる「嫉妬」

「嫉妬」は、人間が持つさまざまな感情の中でも、もっとも始末が悪く、危険な感情といえます。

嫉妬がもたらす悲劇は、紫式部の『源氏物語』やシェイクスピアの『オセロ』など、古今東西の有名な文学作品にも描かれています。

嫉妬は、基本的に三者関係から生まれます。

特に一番わかりやすいのは恋愛関係です。

たとえば、Tさん（男性）がMさん（女性）に恋をしていたとしましょう。

二人は一緒に食事に行くなど、友だちを超えた存在として仲良くしていたのですが、いつからかTさんの心に疑惑が湧くようになってきました。

どうやらMさんが、Uさんという別の男性と親しくしているようなのです。

MさんとUさんがカフェで談笑している場面をたまたま見てしまったTさんは、

心中穏やかではありません。

ここでTさんが抱くのが嫉妬という感情です。

実際にMさんとUさんが恋愛関係に発展しつつあるのかどうかはわかりません。

単に、事務的な打ち合わせをしていただけかもしれません。

それでも、Tさんの嫉妬は静まるどころか、ますます強くなります。そして、ついにTさんは行動に出ます。

会社帰りのUさんを待ち伏せし、出てきた本人の前に立ちはだかり、こう言います。

「あなたはMさんと、どういう関係なんだ？」

突如として現れたTさんの険しい表情に恐れながら、Uさんは冷静に答えます。

「関係って……たまたま同じスポーツクラブに通っていたから、友だちになっただけですよ」

「それなら、なれなれしく振る舞うのはやめてもらおうじゃないか！」

Uさんはただただ困惑の表情を浮かべるばかりです。

嫉妬は「疑惑」から生まれる

嫉妬は、「目的」と「相手役」を含めて考えると、次のように定義されます。

「他者（第三者）によって身近な関係者や自分の権利の喪失の危険にさらされたとき、疑惑を伴って他者、あるいは身近な関係者を引き下げよう、排除しよう（または、身近な関係者をつなぎとめよう）として使われる感情」

そして、嫉妬の感情でポイントとなるのは、以下の４つです。

○相手役は第三者である
○自分の地位、所有物が維持できない状況に陥る
○自分の所有物に疑惑が生まれている
○他者を引き下げ、排除することが目的になる

この4つの点から、Tさんの例を振り返ってみましょう。
Tさんは Mさんと交際する「権利」を持っている（持ちたい）と考えています。**その権利が、第三者であるUさんによって脅《おびや》かされるかもしれないという、「疑惑」が生まれました。**

これによって、嫉妬の感情が発現したというわけです。
嫉妬は、他者を排除するか、身近な関係者をつなぎとめるか、いずれかの方向で使われます。
Tさんのケースでは、Uさんを排除するという行動に出ましたが、Mさんをつなぎとめようとする可能性もあり得るということです。

アドラーは、嫉妬について以下のように述べています。

「嫉妬は強くて深い劣等感にもとづいているのがわかります。嫉妬深い人はパートナーを自分のもとに引き止めておくことができないのではないか、と恐れている。そこで、なんらかの仕方でパートナーに影響を及ぼしたいと思うまさにその瞬間に、嫉妬を表明して自分の弱さをさらけ出してしまう。このような人の原型を見れば、「権利を」奪われた、という感覚を見出すことができる」

（『個人心理学講義』アルフレッド・アドラー著、岸見一郎訳、アルテ）

嫉妬は「奪われる」という所有の意識と関わっています。

逆にいえば、**絶対的に自分の所有でないことがわかれば、嫉妬はゆるみます。**Mさんとリさんが交際しているのが明白な状況に直面すれば、Tさんはもうあきらめるしかありません。

ここで嫉妬の感情は、ようやくあきらめへと変化するのです。

羨望はプラス感情が混ざっている

嫉妬と近い感情に「羨望」がありますが、両者には左の図のような決定的な違

■ 嫉妬と羨望の違い

	嫉妬	羨望
関係	三者関係	二者関係
目を向ける点	相手のマイナス要因	相手のプラス要因

います。

たとえば、あなたが勤務する会社の同期にKさんという男性がいます。

Kさんは人柄がよく、仕事もでき、みんなからの注目を常に集めています。そんな彼を見て、あなたはこう思います。

「Kさんは本当にすごいな。自分も彼みたいに魅力ある人間になりたいな」

このとき、あなたがKさんに対して抱いているのが羨望です。

あなたとKさんは二者関係であり、あなたはKさんのプラスの要因を認めているからです。

羨望の背後には、悔しさなどもあり

ながら、憧れや敬意といったプラスの感情が存在するのが特徴です。

一方で、あなたが周り（第三者）からのKさんの評価に嫉妬を抱いたとしたら、Kさんの小さなミスをあげつらったり、周囲の人からKさんを引き離そうと画策するかもしれません。

こうしたことからも、嫉妬が羨望と比較して、いかに悪質な感情かがわかると思います。

こうした嫉妬が行きすぎると、最後には犯罪という最悪のケースも招きかねません。

嫉妬は、後付けで手に入れた〝道具〟

アドラーの特に優れた弟子だったアメリカの精神科医であり、心理学者でもあるウォルター・ベラン・ウルフは、その著書『どうすれば幸福になれるか〈上・下〉』（岩井俊憲監訳、一光社）で嫉妬について多くの言及をしています。

ウルフはその本の中で、

「嫉妬の本質は、人為的に用意された感情の傾向であり、嫉妬する人と嫉妬の対象となる人の双方を傷つける」

と記述しています。

ウルフによれば、**嫉妬は、もって生まれた本能的な感情ではありません。**人生を歩む中で、後付けで獲得した〝道具〟であるというのです。

たとえば、子どものころ、親が妹や弟ばかりをかわいがるので嫉妬をしたという経験をお持ちではないでしょうか。

嫉妬する子どもは、妹（弟）という相手役を持つことによって、はじめて嫉妬という感情を持ちます。

相手役がいてこその感情であって、もともと持っていた感情ではないのです。

獲得した嫉妬を、私たちは人間関係の中で訓練していきます。それを大人になっても活用しようとします。

これは、子どものときに遊んでいたゲームを、大人になっても続けているようなものです。

政治家がライバル政治家に嫉妬したり、サラリーマンが同僚に嫉妬したりするのも、子ども時代の嫉妬経験を、その瞬間の状況に合わせて再現しているだけです。

逆にいえば、**これまでの経験から後付けで選びとった道具ですから、自分の努力しだいで、嫉妬の〝使用〟を止めることも可能です。**

もはや子どもではないのですから、子どものときに使っていた道具を後生大事にする必要はないのです。

あなたを非建設的な生き方に向かわせがちな嫉妬を、手放す勇気を持ちましょう。

嫉妬心を感じたときの解決3ステップ

嫉妬の感情を抱えたときは、以下の順序で対処することができます。

①嫉妬している現実を認める
②疑惑を点検する
③建設的に対応する

「相手に問題がある、自分は関係がない」などと思わずに、**まずは自分が嫉妬しているという現実を認めましょう。**

そのうえで、自分が抱いた疑惑について、点検していきます。

一つひとつが妄想なのか事実なのかを究明していくのです。

ここで、136ページでお話ししたTさんのケースを、もう一度引き合いに出して考えてみましょう。

Tさんのケースは、自分が嫉妬している事実を認め、Mさんに対して「他の男性を好きになったのか、お付き合いしているのか」を確認すればよいのです。

直接聞くことができなければ、手紙やメールなどの方法をとってもかまいません。

MさんがUさんと交際しているのが明確になったときには、いさぎよく引き下がるだけです。

このときに大切なのは「**結末の予測**」です。

嫉妬の感情を抱え続けるとどうなるのか、その結末を予測してみるのです。

自分が惨めになるかもしれない、ストーカーまがいの行為に走るかもしれない、その可能性に自分で気づく必要があるのです。

そして、建設的な対応をとることを考えるのです。

嫉妬に関しての建設的な対応には、以下の3つの方法が上げられます。

○嫉妬の相手と第三者、そして自分への許し
○「修復」と「祝福」を
○円満別離

まずは、自分を許し、相手を許すことです。

「嫉妬した自分は腹を立てた、相手をねたましいと思った。でも、嫉妬してしまうのも人間なんだ」

「相手は自分ではなく別の人を選んだ。それでも相手が幸せになるなら、それでよしとしよう」

このように、**「許し」によって、急には無理でも徐々に状況を受け入れていくのです。**

ウルフは嫉妬が自分の価値を引き下げることについて、次のように記述しています。

「愛は対等な者同士にしか成立しない。嫉妬は、嫉妬にかられて見張られている

人の価値を下げ、その人を卑《いや》しめるものだ」

嫉妬する人は、嫉妬した時点で、自分自身の価値を下げています。

自分自身の価値を守るためにも、忍耐と寛容によって、嫉妬を乗り越える覚悟を持つことが大切です。

そして、相手と話し合ってこじれてしまった関係を修復する、あるいはむしろ相手を祝福してしまうのです。

場合によっては、嫉妬の記憶にしがみつかないためにも、相手との円満な別離を図るのもよいでしょう。

他者から嫉妬されたときの4つの対処法

ここまでは自らの嫉妬心の対処法について考えてきました。

では、自分が他者から嫉妬を向けられたときは、どのようにすればいいのでしょうか？

アドラー心理学を基本にすると、以下の４つの対処法が考えられます。

①胸襟《きょうきん》を開いて話す

嫉妬している人は、妄想の中で疑惑を膨らませます。

それをうやむやに放置しておくと、大きなトラブルに発展しかねません。

ですから、早い段階で相手と胸襟を開いた話し合いの場を持つことが大切です。

相手の話を聞き、思い過ごしがあれば「それは事実ではなく、思い過ごしだったよね」と納得する。

これによって、嫉妬の感情が弱まることが期待できます。

②人間関係の卒業

話し合いをしても問題が解消しないときは、相手と距離を取る、あるいは人間関係を断ち切ることを検討する必要があります。

相手との人間関係を卒業することで、嫉妬が生まれる前提そのものをなくすという方法です。

第三者による調停

③当事者間で解決できそうにないとき、さらなるトラブルに発展しそうなときは、第三者に相談して解決を図るべきです。

お互いにとって共通の知人や恩師などが間に入ることによって、冷静に話し合いを進めることができますし、相手も話を聞き入れる可能性が高まります。

法的手段

④最終的には、法的手段に訴える方法もあります。

ストーカーなどの犯罪行為に対しては、内容証明郵便を送って抗議する、警察を介して対応してもらうなどの方法が考えられます。

もちろん法的に訴えるのも一つの手段です。

嫉妬の「追体験」をやめる

恋愛関係で他者に嫉妬したときには、別の相手と新しい恋愛をするのが一番の解決法です。

私は恋愛に悩むある女性をカウンセリングしたことがあります。

彼女はある男性とお付き合いしていたのですが、あるとき彼から別れを切り出され、別々の道を歩むことになったそうです。

しばらくして、別れた彼が別の女性と付き合っていることを知りました。

彼とのお付き合いは終わっているのですから、彼が誰とお付き合いしようが関係ないのですが、彼女はそうやって割り切ることができませんでした。

「どうして私は捨てられたのだろう」

「新しい彼女のことがどうしても妬《ねた》ましい」

彼女は、彼と行ったレストランや旅行先に足を運び、彼と観た映画をもう一度観直しました。

そうやって、彼との思い出に決着をつけようとしたのだそうです。

しかし、うまく行きませんでした。

彼のことを忘れようとすればするほど、彼との恋愛に執着する気持ちが高まってしまったのです。

彼女は私に向かって言いました。

「彼の電話番号をどうしても忘れることができないんです。スマートフォンのアドレス帳からは削除したのですが、記憶している番号が頭から離れないんです」

私は彼女に対して、こう返答しました。

「簡単です。他の番号に何度も電話をすればいいんです」

「どういうことですか？」

「新しい恋人を見つけて、新しい恋愛を始めるということです。新しい彼と電話をするようになれば、元恋人の電話番号なんてすぐに忘れますよ。一言でいえば、電話番号を上書きするということです」

パソコンで作成したデータを思い出してください。あるデータを別名で保存すれば、データはそのまま残ります。

データが残っていると、どうしても見たくなるのが人情です。

しかし、そのデータを上書き保存すれば、以前のデータは消えてなくなります。しばらくすれば、どんなデータがあったのかも、思い出せなくなるでしょう。

これとまったく同じです。

新しい恋愛体験をして、かつての恋愛に上書きすれば、前の記憶は消すことが可能です。

忘れようとすると、記憶は余計に鮮明になります。

だから、忘れようとするのではなく、上書きしてしまえばよいのです。

本章のまとめ

- 嫉妬とは、三者間で生じる、自己の利益を守るための離反的感情
- 所有意識をゆるめることが、嫉妬から解放される第一歩
- 嫉妬はあくまで後天的に獲得した、非建設的感情である以上、手放すこともできる
- 嫉妬を感じたら、まずはその感情を認め、相手への疑惑を点検する
- 自ら嫉妬の感情を高めるような場所・モノから離れる

第5章

憂うつで未来への力を蓄える

二　人が憂うつになる理由

「なんでこんなに自分って駄目なんだろう……」
「上司とソリが合わず、話すのも億劫《おっくう》になってきた」
「面倒なご近所付き合いを考えると、だんだん気分が暗くなってくる」

人は、何か大きなチャレンジや仕事に失敗したときに限らず、ふとしたきっかけで「憂うつ」になることが多々あります。

あなたを落ち込ませてしまう憂うつという感情をどう扱っていけばよいのでしょうか。

本章では、憂うつについて、深く考察していきましょう。

人が憂うつという感情を持つとき、アドラー心理学の観点から見ると、そこには二つの目的があります。

①直面する課題を避ける

一つめは、「直面する課題を避ける」という目的です。

先述した「心配」や「あせり」とは、真逆の目的を持っています。

人は憂うつになることで、**自分には課題に直面する力がない、ということを周りに表明しようとするのです。**

結果として、課題から逃れ、その解決を先延ばしにしようとします。

たとえば、どうしても学校に行きたくないと引きこもる子どもは、憂うつになることで学校に行くという課題を回避しようとしているわけです。

ビジネスマンでも「サザエさん症候群」というものがありますが、月曜日をむかえずに、待ち受ける課題から逃れたいという思いから、憂うつになるのです。

②将来に向けてのエネルギーを蓄える

そして、もう一つの目的は、意外に思われるかもしれませんが、「将来に向けてのエネルギーを蓄える」というプラスの目的なのです。

「depression」という英単語には「憂うつ」という訳語のほかにも、「不景気、不況」という訳語があります。

精神的、身体的にエネルギーが低下すると憂うつになり、経済的にエネルギーが低下すると不景気になります。

つまり、両者に共通するのは、エネルギー（活力）が低下しているという状態なのです。

人は、心理的エネルギーが低下した憂うつな状態のときに、無理にエネルギーを引き出そうとせずに蓄えようとするのです。

憂うつな感情を抱えている状態とは、エネルギーが落ちている状態であると同時に、必要な充電状態でもあるということです。

自責が憂うつを招く

では、どういう人が、憂うつな感情を抱え込みがちなのでしょうか。

まず、憂うつになりやすい人は、完璧主義である場合が多いです。ほどほどで手を打つことをよしとしないために、自らの考えた通りに進まないと、気分が落ち込んでしまうのです。

順序良く進む、ということが阻害されると、これもまた落ち込みやすい原因となります。

また、憂うつになりやすい人は、自責の念がこれまでの感情に対して、いっそう強い傾向もあります。

「こうすべき」「こうあらねばならない」という信念を強く保持したいと考えるからこそ、その通りに進まなかったときに自分を責めてしまいます。

自分を責めれば憂うつになり、他者を責めれば怒りになる。

そういう意味では、怒りと憂うつは表裏一体の関係にあるのです。

あなたの「憂うつレベル」はどれくらい？

一言で「憂うつ」といっても、その感情にはレベルがあります。

「落胆」「孤立感」「惨め」といった比較的軽い状態なら、まだまだ課題の解決などで解消できます。

ですが、**「無気力」「絶望感」「罪悪感」にまで感情のレベルが深まると、もう行動を起こそうとする気力も失われてしまいます。**

そうならないためにも、今の自分の「憂うつレベル」を知ってもらいたいと思います。次ページのワークを使って、振り返ってみましょう。

アドラーは、「罪悪感には目的がある」と言います。

もう少し丁寧に説明するならば、

「人は罪悪感を持つことで、『私はこんなに自分を責めています。だから、決して私を責めないでください。私に期待しないでください』と、周囲に要求してい

憂うつレベルの図るためのワーク

ここ数週間のうちにあなたが感じた気分・感情について
あてはまるところに○印をつけてください。※測定結果は162ページ。

レベル	憂うつな感情	強く感じる	少し感じる	感じない	点数
低	1. 軽い落ち込み	2	0	0	
	2. もの悲しさ	2	0	0	
中	3. 自責の念	2	1	0	
	4. 孤立感	2	1	0	
	5. 惨め感	2	1	0	
	6. 無力感	2	1	0	
	7. 億劫感	2	1	0	
重	8. 閉塞感	4	2	0	
	9. 強い罪悪感	4	2	0	
	10.絶望感	4	2	0	
	合 計 点 数				点

「憂うつレベル」の測定結果

●点数が0から5の人

特に問題ありません。食事、休息に注意した生活を送ってください。

●点数が6から10の人

ややストレスがたまっているかもしれません。仕事を控える、
気分転換をするなどストレスをためない工夫をしてください。

●点数が11から15の人

憂うつな状態が続いていませんでしょうか。
これまでの生活を見直し、心身状態の改善につとめる必要があるでしょう。

●点数が16から26の人

心身状態が心配されます。
場合によっては医師や専門家への受診・相談をしてください。

る」

というのです。

罪悪感を表明する人は、周囲からのプレッシャーを回避しようとしているのです。

そうすることで、プレッシャーを回避しつつエネルギーを蓄える、という構図が出来上がるのです。

憂うつは次のステップへの充電期間

憂うつな感情を抱えたときに大切なのは、自分を責めるのをやめるという

ことです。

どんな人でも、順風満帆な人生を歩み続けられるわけではありません。時には壁に突き当たったり、挫折を経験したりしながら生きているものです。

私はよくセミナー参加者のみなさんに、「ライフライン」を書いていただくことがあります。

生まれてから今日までの人生について、高低をつけながらラインに表してもらうというものです。

165ページの図を見ると、常に好調のラインをキープしている人など皆無《かいむ》です。**誰もが、上昇と下降を経験しながら、蛇行状のラインを書きます。**

ですから、逆境に直面しても自分を責めずに、充電期間を過ごしながら順境に転じるのをじっくり待てばよいのです。

具体的には、学校を休学したり、会社を休職、退職したりして体を休めるのも一つの方法です。

いずれにしても、人が生きていくうえで、必ずどこかで小休止するタイミングが必要です。

これは「人生の踊り場」とも呼べます。

18歳で大学に入学し、22歳で就職し、30歳までに結婚して子どもを授かり……などというのは人生の絶対的なルールではありません。

アドラーは次のような言葉を残しています。


「人間は自分自身の人生を描く画家である」


まったくもってその通りです。

人間は自分の道を歩むしかありません。

「○歳までに△△をしなければならない」という発想はやめて、憂うつが続くからこそ、今一度、自分の生き方を振り返るタイミングなのだと考えるのです。

周囲の価値観に惑わされる必要もありません。

自分は自分自身の人生を歩めばよいのですから。

ビジネスマンなら、休職の期間は目標に向かうための一休みの時間であると考

ライフライン・一例

ライフラインの例

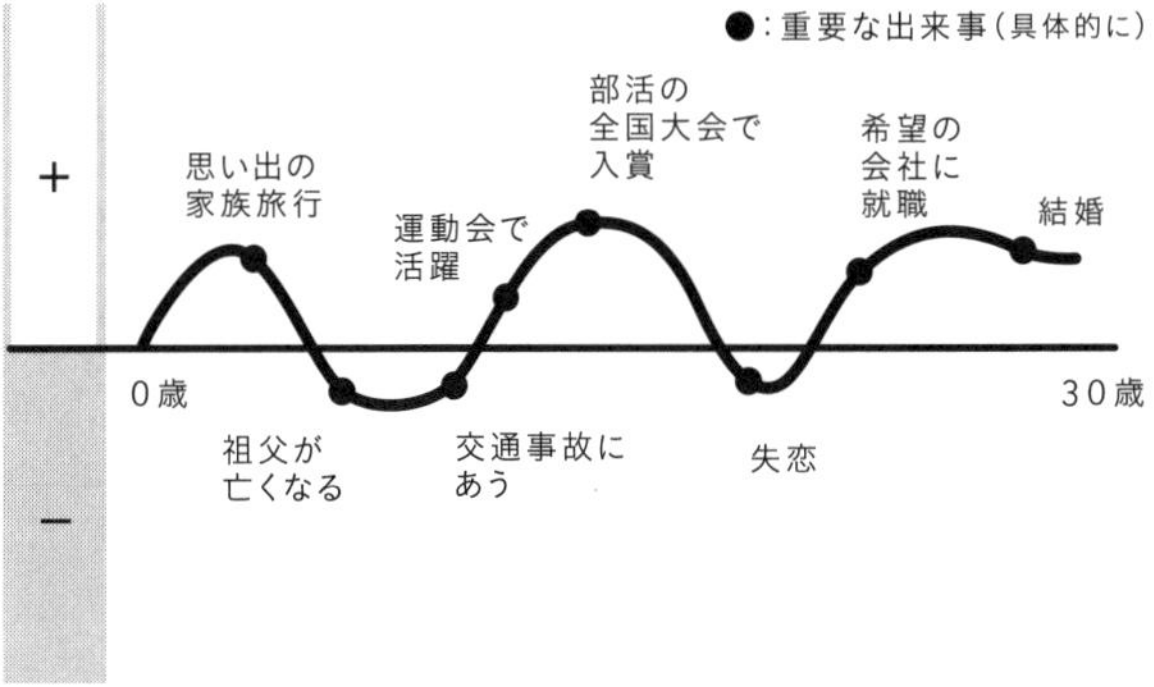

あなたのライフライン

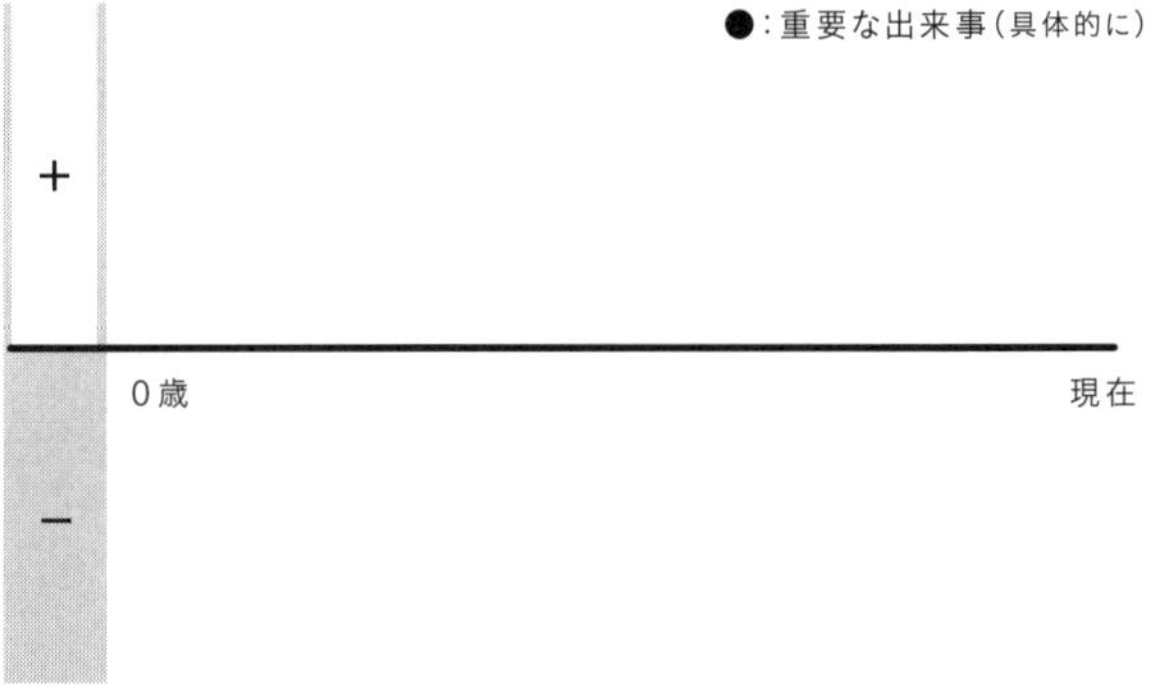

えましょう。

踊り場にいる期間は、無理をせずエネルギーを充電することに集中すべきです。こうして考えていくと、憂うつは将来に向けてのジャンプに備えた時期であると前向きに捉えられるはずです。

ジャンプするためには両足を屈《かが》ませて、〝ため〟を作る必要があります。もしも、あなたが今、憂うつであるというならば、次のジャンプに備えているという心理的メッセージでもあるのです。

大きな目標には「はしご」をかける

憂うつになりやすい人は、完璧主義者であると前述しました。

「こうなりたい」という目標に対して、到達の見込みが薄いと感じることで、みじめな気持ちになったり、無気力になったりして憂うつの度合いが深まっていきます。

この状況に歯止めをかけるには、二つの方法が考えられます。

一つは目標そのものを下方修正することです。

目標を達成できないというのは、自分の実力からかけ離れた理想的すぎる目標を設定しているのかもしれません。

その場合は、身の丈にあった目標を新たに設定し、その目標に向けて行動するようにしましょう。

もう一つの方法は、目標に「はしご」をかけるというものです。

一足飛びに目標を達成しようとすると、うまくいかなかった場合の反動による挫折感、無力感が大きくなります。

まずは、目標を小さく分解してみましょう。

短期目標や中期目標などを細かく設定し、小さなハードルを一つひとつクリアしていくことで最終的な目標へと近づいていくことを目指します。

現在の目標を3年後までに達成すると決め、「半年以内に〇〇をクリアする」、

「1年以内に△△をクリアする」など、実現可能な行程を設定することで、課題を避けることなく、向き合えるようになるはずです。

自分らしい人生を歩む、というのは、急いで夢や目標を達成することではないのです。

同情する人に、会ってはならない

憂うつは、対人関係の中で癒されて、回復に向かうことがあります。

ですから、憂うつな状態でも人と会える程度の余力があるときは、人と会うというのも有効な対処法の一つといえます。

専門の心理カウンセラーに話を聴いてもらうのもよいでしょうし、親しい友人に弱音を吐くのもよいでしょう。

もちろん実家に帰って、両親やきょうだいにあたたかく見守ってもらうことで、憂うつを乗り越えることも可能でしょう。

逆にいえば、**憂うつな時期にプレッシャーを感じさせるような人と向き合うのは避けたほうが無難です。**

たとえば失業して気分が落ち込んでいる時期に、ビジネスで成功を収めている学生時代の友人に会うと、相手の境遇との落差を感じ、惨めな気持ちがつのります。惨めな気持ちは憂うつを助長するだけです。

特に注意したいのが、共感するのではなく同情しようとする人物です。

私が、人生のあるつらい時期を過ごしていたとき、叔母が私を見て涙を流しながらこう言いました。

「俊憲さん、本当にかわいそうね。つらいでしょうね。もう気の毒で仕方がないわ……」

最初は、叔母が私のことを心配してくれているとありがたく感じていたのですが、しだいに私自身の気持ちが落ち込んできました。

叔母は同情することで、私を憐《あわ》れんでいました。

つまり、**私は相対的弱者にさせられていたのです。**

さらに、同情されることによって私自身の中に自分を責める気持ちが湧いてきました。

本当は私の不遇と叔母には直接的な関係がないのですが、徐々に「叔母さんをこんなに悲しませるとは……自分はなんて情けない人間なんだ……」と、自分で自分を追い詰めてしまったのです。

同情を寄せてくる人は、決して悪い人間ではありません。

しかし、同時に、そうした人と会うことで**自責の念を高めてしまうリスクも生じるため、できるだけ接触を避けるようにしましょう。**

どうしても避けられないときは、物理的ではなくても、心理的に距離を置くようにしてください。

「同情されているけれど、自分が悪いわけではない」

などと、相手の発言に対して、心の中で冷静に距離を保つことで、不必要に自分を責めずに済みます。

思いっきり悲壮感に浸ってみる

無気力になったり絶望感を抱くまでに落ち込んでしまったりしたときには、無理をしてプラスの気分に切り替える必要はありません。

むしろ、あえてマイナスの感情に浸ってみる時間を作りましょう。

憂うつの目的がエネルギーの充填《じゅうてん》ならば、**マイナスに浸るほどエネルギーは溜まりますし、何よりも、自己と向き合うよいタイミングとなります。**

一例として、音楽療法では、絶望感を抱えている患者に対して、チャイコフスキーの交響曲『悲愴』を聴くように勧めます。

文字通り悲壮感の漂う音楽を耳にすることで、自分の感情と音楽を同調させるのです。そのうえで、耳にする音楽を徐々に軽快なものへと変化させていきます。

音楽を牽引《けんいん》役として、感情を徐々に回復させていくわけです。

こうした音楽療法を取り入れるのもよいですし、音楽の代わりに映画や絵画に置き換えて、五感を刺激することも可能です。

たとえば、美術館で落ち着いた色味の作品に浸った後に、徐々にカラフルな色彩の作品に触れていくようにします。

いずれにしても、グラデーションを意識しながら、徐々に陰から陽へと移行していくようなイメージで芸術作品に触れてみるようにしましょう。

憂うつな気分に陥りそうな時の対処法

環境を変えることで、憂うつな感情が重度なものになるのを回避する方法があります。前述した休職という手段を取る以前に、旅行などをすることで、気分転換を図るというやり方です。

また、憂うつは身体的な要素が強い感情でもあるため、身体からアプローチをするのも一つの手です。

たとえば、人がうつむいた状態で「元気を出そう」と思っても、なかなか元気にはなれません。

「うつむいている」という身体の状態と感情がリンクしているからです。

そこで、頭を上げて少し上方へと目を向け、胸を広げながら歩くだけでも、気持ちが向上する効果が得られます。

登山などをして山頂からの景色を眺めたり、運動で汗をかいたり、大きな声を出してみるのも有効です。

私自身は、毎朝起床してから指を組んで手を突き上げ、「あ～！　今日も爽快だ！」と、たとえそうでないとしても、声に出しながら深呼吸をしています。

これだけでも気分が上向いてくるのが実感できます。

前日に、多少落ち込むような出来事があっても、新たな気持ちで今日という日をスタートできるようになるのです。

本章のまとめ

- 憂うつなときは、課題からの回避とエネルギーの充填期間
- 自責を露わにすることで、周囲からの期待を避けることが目的
- 大きな課題は、小分けにして、少しずつ前進する
- 憂うつを「共感」してくれる人と、憂うつを高める「同情」をする人は違う
- 憂うつは、身体と大きくリンクしているので、自分なりの憂うつを防ぐ身体の使い方を覚える

第6章

劣等感をパートナーにして成長する

アドラーが分類した3種類の劣等感

「自分は、同期入社の奴らと比べて、全然ノルマが達成できない」
「背が低いのが気になってしょうがない」
「私の家庭は、友人たちと比べてそれほど裕福ではなかった」

アドラー心理学の中で重要な位置づけにあるものの一つが、こうした「劣等感」という感情です。

アドラーは人間が持つ劣等感に着目し、そこから人間の心理を理解しようとしました。

アドラー心理学の劣等感を理解するためには、まず「劣等性」「劣等感」「劣等コンプレックス」の違いを理解しておく必要があります。

まず「劣等性」とは、手足が不自由である、目が見えない、耳が聞こえないと

アドラーが考えた「劣等性」、「劣等感」、「劣等コンプレックス」

劣等性	他人から見ても明確にわかるもの
劣等感	自分の心の中で思っているだけのもの
劣等コンプレックス	劣等感が過大に高まってしまったもの

いった人間の客観的な属性です。

こうした属性は、客観的に測定が可能であり、観察も可能です。

アドラーは器官劣等性（organ inferiority）という表現を使っていました。

これは、体の器官が劣等であるという意味で使われていた言葉です。

これに対して、「劣等感」とは主観的な意見です。

たとえば「背が低い」というのは客観的な属性である限りは劣等性ですが、本人が、背が低いという状態に負い目を感じたり、背が高い人と比較して引け目を感じたりしたときに、それは劣等感になります。

ですから、たとえ平均よりも身長が高い人であっても、「自分は背が低い」と引け目に感じている場合、その人は劣等感を持っていることになります。

つまり、劣等感を客観的に測定するのは非常に困難なのです。

そして「劣等コンプレックス」とは、劣等性や劣等感から生じて、自分が直面している仕事や人間関係などの課題を避ける目的として使うものを指しています。

この点からだけ見れば、憂うつと同じ目的ともいえます。

ただ、アドラーによれば、劣等コンプレックスとは「異常に高められた劣等感」であり、「ほとんど病気」であるとされています。

病気であるという点で、劣等コンプレックスは、劣等性や劣等感よりも深刻なものとして考えられているのです。

この劣等コンプレックスについては、後ほど詳しくご説明したいと思います。

劣等感こそ、すべての感情の出発点

アドラー心理学では、すべての人は劣等感を持っている、あるいは少なくとも過去に劣等感を持っていたと考えます。

つまり、**劣等感と無縁な人はいない**ということです。

実際、私がセミナーなどで「劣等感を抱いたことはありますか？」と質問をすると、ほぼ全員が手を挙げます。

年齢や性別にかかわらず、人は生きている以上、劣等感を抱く存在だということでしょう。

劣等感は英語で"inferiority feelings"と複数形で表現されます。

これは、さまざまな感情が入り混じったものであることを表しています。

これまで本書で取り上げてきた、怒り、不安、嫉妬、あせり、憂うつといった感情の多くがないまぜになったものが劣等感なのです。

では、私たちがこうした劣等感を持つ目的とはなんでしょうか。

一つは、「他者との比較を図る」ことです。

他者と比較することで自分の現状をチェックし、向上させたいという気持ちを持つのは、劣等感があるからこそです。

そして**もう一つは、「目標と現実のギャップを埋めようとする」**ことです。

たとえば、「〇〇大学に合格したい」という目標があるけれど、現実には合格が危ぶまれるような成績に甘んじている。

そんなときは、劣等感をバネにして、合格という目標に向かって努力しようとします。

ここで、他者との比較から生まれる劣等感を「対他的劣等感」、自分自身の目標と現実のギャップから生まれる劣等感を「対自的劣等感」と私は呼んでいます。

そこで、次ページのワークを使って、自分が抱える劣等感がどういうものかを、まず振り返ってみましょう。

劣等感に気づくワーク

下記の設問に関してあなたなりに書き込んでください。

(1)あなたに劣等感はありますか／ありましたか？
それは、具体的にどんなところですか？
過去を振り返り、現在を見つめていくつか書いてみましょう。

(2)あなたは(1)に書いた過去の劣等感の1つをどう克服しましたか？
もし、克服できなかったらどうなっていたでしょう。

①克服した方法

②もし克服できていなかったら

(3)P.190〜191に書かれたアドラーの言葉で、劣等感を
「健康で正常な努力と成長の刺激である」と言っていることについて
どう受け止めますか？

自分では気づかなかった劣等感の正体が見えてくるはずです。

何かしらの比較から生まれる劣等感

また、アドラーの弟子であったアメリカの精神科医・心理学者である、ルドルフ・ドライカースは、劣等感を3つのタイプに分類しています。

①宇宙的劣等感

これは、宇宙に比べたら人間は極小な存在であるという劣等感です。

たとえば、私たちが飛行機に乗って地上を飛び立つと、人や自動車や家やビルがみるみる小さくなっていきます。

それを見たときに、ふと「自分が抱えている問題なんて、ちっぽけなものなんだな」などと思うことがあります。

また、宇宙全体の歴史から見ると、人類の誕生などごく最近のことであり、私たちの一生もごく一瞬でしかありません。

そうした圧倒的な人生のはかなさや脆《もろ》さといったものが、芸術、宗教、哲学へと人間を駆り立ててきたという一面もあります。

②生物学的劣等感

二つ目は、人間が生物として弱者であるという認識からくるものです。

弱い生き物であるからこそ、人は他者と協力したり、火をおこしたり、武器を発明したりして文明を発展させてきました。

ドライカースと同じ、アドラーの弟子であるウォルター・ベラン・ウルフも、「原始時代に思いを寄せてみると、人間が闘いの中で生き抜くために必要な速い足を持たず、強い獣の持つ筋力を使えず、猛獣の牙、鋭敏な聴覚、鋭い視力を持っていなかったことから、種として単独では弱者であると感じ、自分たちの身を守るために途方もない努力を重ねていた」

と説明しています。

③社会的劣等感

最後の劣等感は、大人に対する子ども、男性に対する女性など、社会や対人関係の中での力関係から生まれる劣等感です。

社会の中で生きていれば、「彼は自分よりも高収入を得ている」「彼女は私より素敵な彼氏を見つけた」など、劣等感を抱くことがしばしばあります。

こうして考えると、「対他的劣等感」、「対自的劣等感」と同じように、ドライカースの考えた劣等感の3タイプも、**何かしら比較との差から生み出されている**ことがわかります。

劣等感ゆえに、建設的な行動をとる

そもそも、どうしてアドラー心理学において劣等感が重要なキーワードとなっているのか。

背景にはアドラー自身の個人的な体験があります。

アドラーは7人きょうだいの次男として生まれ、幼いころから1歳4か月年長である長兄と自分を比較しながら育ちました。

つまり、きょうだい関係の中で社会的劣等感を感じていたわけです。

また、アドラーはくる病と気管支のぜんそくを患い、身体的に病弱な子どもでした。

健康面では生物的劣等感を持っていたのです。

さらに、アドラーが生まれたのはユダヤ人の家系です。

ユダヤ人は歴史的に差別と迫害を受けてきたことからも、やはり社会的な劣等感を抱きやすい環境にあったと考えられます。

アドラーは1歳の弟をジフテリアという病気で失う体験もしましたし、学生時代には留年も経験しています。

こうした経験から、病気や学業には並々ならぬ関心を抱いていたようです。

人は劣等感を持ち、そこから脱したいと考えることで行動する、とアドラーは考えました。

これを「**優越性の追求**」といいます。

事実、アドラーは5歳のときには医師を目指す決心をして、ウィーン大学の医学部を卒業し、医師になるという目標を達成しています。

彼自身が、マイナスからプラスへ向かおうとする意識が人一倍強かったのではないでしょうか。

優越性を追求しようと努力した経験が、彼の心理学の理論にも反映されていると想像できるのです。

他者を巻き込む劣等コンプレックス

人が劣等感を抱いたときの対応は大きく次の二つに分かれます。

①非建設的対応

②建設的対応

建設的対応は、のちほど詳しくご説明するとして、まずは好ましくない非建設的対応について述べたいと思います。

劣等感を抱いたときの非建設的対応を代表するのは、先ほど述べた劣等コンプレックスです。

前述したように、劣等コンプレックスとは、劣等感を盾にして、直面する課題を避けるということです。

しかし、**ここで問題になるのは、劣等コンプレックスでは、課題を避けるだけでなく、直接的に他者を巻き込むこともある、ということです。**

私たちは劣等感を持つことで、他者との比較を目的とする、とお伝えしました。こうした他者との比較は、対人関係においてマイナスに作用することがあります。

単純に他者との差について劣等感を抱いているだけなら問題はありません。

しかし、これが他者を妨害したり、誹謗《ひぼう》中傷したり、責任を押しつけるなどの行為に及ぶ可能性もあるのです。

また、自分を憐れんだり、身体面・精神面で自分を傷つけたりして不調になることもあります。

「どうして自分はこんなに劣等感を感じるようになってしまったのだろう……」と自分を憐れんだ結果、自らを物理的に傷つけたり、最悪の場合は自殺を図ったりすることもあります。

そして、中には劣等感の裏返しとして、「優越コンプレックス」を抱えてしまう人もいます。

優越コンプレックスとは、他者より優れていると異常なまでに表明し、他者を見下す態度を指します。

「高校時代にインターハイに出場した」「学校でトップクラスの成績を収めていた」「有名人の同級生がいる」「名門の家に生まれた」……など、過去の能力や家柄、人脈を誇張し、実際には何もしない状態が優越コンプレックスです。

代理で劣等感を感じてしまう人たち

世の中には自分自身の特性だけでなく、自分の配偶者や子どものステータスによって劣等感を抱くタイプの人もいます。

いわば「**代理劣等感**」を持ってしまうということです。

たとえば、結婚した夫が一部上場企業に勤務していることを常にひけらかして生きているような妻がいます。

この妻は、なんらかのきっかけで夫がリストラにあうようなことがあると、絶望的なまでにうちひしがれたり、あるいは夫の責任を追及し、追い詰めたりします。

自分自身は夫が失職する前と後で何一つ変化がないのに、夫の属性の変化で劣等感を深めてしまうわけです。

同様に、子どもの中学受験に自分の人生を投影してしまうタイプの親もいます。

息子が有名中学に合格すれば、自分のことのように優越コンプレックスを発揮し、逆に受験に失敗すると、自分の人生が否定されたような気分になったり、あるいは子どもを非難したりします。

結果的に、子どもに一生恨みを持たれるような人生を歩むことになるわけです。

目標への一番大きな刺激にする

ここまで聞くと、劣等感は非常に恐ろしい感情のように思われるかもしれません。一般的に「劣等感」と聞くと、持つことを避けたい、好ましくない感情であるととらえられがちです。

しかし、決してそうではありません。

劣等感についてアドラーは次のように語っています。

「劣等感は（劣等コンプレックスと違って）病気ではなく、むしろ健康で正常な努

力と成長の刺激である」

（『個人心理学講義』アルフレッド・アドラー著、岸見一郎訳、アルテ）

人間は劣等感なく生きることはできません。

劣等感を持つのは当然であり、劣等感があるからこそ、建設的に努力できる存在でもあるのです。

劣等感は、以下の3つの点から建設的な対応に向かうこともあります。

①劣等感を感じた領域で自分を目標に近づけようとする

たとえば、司法試験に不合格になった人が、あきらめずに何度もチャレンジを繰り返し、ついに合格を果たしたというケース。

これは劣等感をバネに目標に向けて努力したということでもあります。

私自身、大学は商学部を卒業したこともあり、大学で心理学を修めたわけではありません。

正直に告白すると、アドラー心理学を学ぶ者として、大学の教授や臨床心理士などに劣等感を抱いたこともあります。

しかし、劣等感をバネに人一倍学びを深めようとしたのも事実です。

放送大学で心理学関係のものを10科目履修したり、上級教育カウンセラーの資格を取得したりするなど、自分を高めようとする努力を重ねてきたつもりです。

今の私があるのは、劣等感があったからといっても過言ではないのです。

他者との差別化を「選択」する

②ライバルとの差別化を図り、その分野で自分を高める

この例として私がよくお話しするのは、日本人初のノーベル賞（物理学賞）の受賞者である湯川秀樹博士のエピソードです。

湯川秀樹は、地質学者である小川琢治の三男として、この世に生を受けました。

小川家の兄弟は、のちに長男の小川芳樹が冶金学者、次男の貝塚茂樹が東洋史学者、四男の小川環樹が中国文学者となる学者一家でした。

兄弟の中で、秀樹は能力が低いと見られていた時期もあったようです。

兄弟の中で劣等感を抱いていた秀樹は、差別化を図るために物理学の道に進み、自分を高めた結果ノーベル賞を受賞するまでの大家となったわけです。

きょうだいや友人関係において抱えるようになった劣等感をもとに差別化を図る例は、ごく一般的に見られます。

つまり、劣等感を持つことで、他者とは違う人生を選択できるようになるのです。

二 他者や社会への貢献につなげる

③劣等感を共同体感覚に向け、他者や社会に役立つことをする
「共同体感覚」というのは、共同体への所属感・共感・信頼感・貢献感を総称したもので、アドラー心理学が重視する精神的な健康のバロメーターです。

人は共同体に貢献することで、居場所を確保し、幸福になることができます。

その原動力となるのが、劣等感です。

アドラー心理学の公式において、劣等感は共同体感覚に反比例します。

劣等感が強ければ強いほど、共同体感覚が失われます。

ですが、適切な劣等感を抱くことによって、共同体感覚を高めようとする行動にもつながるのです。

たとえば、私は2016年から「人おこし」という取り組みを、本格的に始めるようになりました。

これは、自分の身の周りで本の著者となる人を次々に誕生させようというプロジェクトです。

私の周りには、さまざまな組織や立場でキャリアを積み、素晴らしいリソースと可能性を持っている人がたくさんいます。

こうした人たちの背中を少し後押しすることで、スターを誕生させたいと思っているのです。

私の周りの有為な人材が、本を出版することなどで知識や経験を世の中に還元すれば、きっと社会にもよい影響を与えるに違いありません。

実をいえば、これは心理学の世界を一部の権威ある学者などに独占されたくないという私の劣等感に支えられた取り組みでもあります。

つまり、**アドラー心理学的に考えると、私は自分の劣等感を共同体感覚に向け、社会に役立てようとしているのです。**

こうした、社会への貢献という形で、劣等感を使う選択肢もあり得るのです。

劣等感を味方につけた人たち

実際に私の周囲で才能を開花させている人たちの例をご紹介しましょう。

Gさんは、私が講師をしているアドラー・カウンセラー養成講座を最近受講するようになった受講生です。

彼は自分が高卒であることに劣等感を持っていると語っていました。

しかし、彼には学歴など関係なく活躍できるだけの確かな実力があると感じられました。

だから、私は彼にこう言いました。

「学歴なんてまったく関係ないですよ。その証拠に、このカウンセラー養成講座からは、もうすぐ中卒のカウンセラーが誕生する予定なんですよ」

そう、高卒の彼には、中卒でカウンセラーになろうとする先輩がいたのです。

中卒の彼女も、鋭い頭脳と感性を持ちながら、学歴に悩む過去がありました。

彼女は私にこう相談してきたことがあります。

「私は高卒の資格を取って、大学にも進学したいと考えているんです」

私は、その意見に反対しました。

「どうしても大学で学びたいことがあるのならいいと思いますが、ただ資格を取るだけなら、大学なんか行く必要はないですよ。今でも大卒者にひけをとらないくらいの知性があるのだから、何を引け目に感じる必要があるのですか。開き直って『中卒カウンセラー』を売りにしたほうがよほどカウンセラーとしてのブランディングにつながるはずです。どうかこれ以上、学歴などというつまらないことに悩まないでください」

また、中には定年を前にして会社人生に見切りをつけ、早期退職をしてカウンセラーを目指そうとする人もいます。

みなさん、劣等感を原動力にしながら、自分の目標に向かって、ライバルとの差別化を図りながら努力しています。

こうした劣等感をバネにした選択は、人生をとても素晴らしいものにすると思います。

劣等感が、人生最大の友人になる

もちろんあなたも、さまざまな大小の劣等感を抱えながら生きているはずです。

この劣等感という感情を小さくしようとすることには、意味がありません。

というより、感情をなくすことは目標になりにくいのです。

アドラー心理学では、「感情は行動の副産物である」と捉えます。

行動を抜きにして感情だけがあるというわけではありません。

だから感情をコントロールしようとするのであれば、同時に行動をコントロールする必要があります。

行動をコントロールするにあたっては、建設的な対応に向かうこともできれば、非建設的な対応に向かうこともできます。

私は、劣等感を建設的な対応をとるための重要な感情であると考えています。

劣等感は、目標を持ち、よりよく生きようとすることに伴う感情です。

劣等感はかけがえのない友であり、自分が今日あるのも劣等感のおかげだと考えています。

さて、あなたは劣等感という感情をどちらに向けようと思いますか。

劣等感を自分の成長に向けて使うことができれば、きっといつか「ありがとう、劣等感」と思える日が来るはずです。

本章のまとめ

- 劣等感こそが、あらゆるマイナスの感情が絡み合った、最も重要なものである
- 人は、劣等感があるからこそ、それを補いたいという「優越性の追求」を行う
- 他者の劣等感を代理で感じる必要はない
- 劣等感は、自己を高めるために味方につけるべき感情
- 建設的な対応で行動すれば、劣等感を人生最良の友にできる

おわりに

あなたは、感情に振り回されているとき、悩むことが多いでしょう。

怒ってしまったなら、「あぁ、ひどい言葉を言ってしまった」。

不安になっているなら、「モヤモヤして、イライラもしてきた」。

憂うつなら、「やる気がなくて、どうしたらいいのかわからない」。

劣等感があるなら、「なんで、自分はこんなに劣っているんだろう」。

——きっと、こんなふうに、マイナスの感情が、あなたの心に「悩みのタネ」をまいているようなイメージを持っていませんか？


先日、私がある企業で研修を行ったときのことです。

先方の企業に到着した直後、パワーポイントで作成した資料に不備があることに気づきました。

資料に不備があると、もちろんプレゼンにも支障を来します。

「弱ったなあ……」

一瞬頭を抱えましたが、ここで私はある選択をしました。

「よし、研修の開始時間まであと20分ある。持っているパソコンで資料を作り直し、出力させてもらうことにしよう」

大急ぎで資料を修正した私は、先方のスタッフの力も借りながら、なんとか新しい資料を作成し、開始時間に間に合わせることができました。

おかげさまで研修もなんとかうまくいき、受講者からも好評をいただくことができたのです。

ここで私が申し上げたいのは、マイナスの感情を抱えたときに、「悩む」のではなく「困る」ということです。

私たちは課題に直面すると悩んでしまいがちですが、困ることは解決への手立てを探し出す手助けをしてくれます。

「なんでこんなことになってしまったんだ」
「このままでは、また失敗するに違いない」
「そういえば、子どものころにも似たようなことがあった」
「あのときもうまくいかなかったからなあ……」

一度悩み始めると、その悩みは次の悩みへとつながり、果てしない悩みのサイクルへと落ち込んでいきます。

重要なのは悩むことではなく困ることです。

悩むことと困ることとは違います。

人が困ったときには、どうやって対処すべきかを考えます。

考えているうちに、妙案を思いついたり、人に知恵を授かったりして、解決策の候補が湧いてきます。

その知恵をもとに、困った課題に対処していけばよいのです。

そして、悩まずに「困る」には、自分自身へのセルフトークがカギとなります。

セルフトークとは、自分自身に対する言葉かけです。

課題に直面したときに、「情けないな」「最悪だな」などと自分に声をかけ続けていると、悩みも深まりますし、本当に最悪な方向へと事態が進行していくことになります。


感情を味方につけて、課題を解決していくには、「どうしたらいいのか？」という、建設的なセルフトークをし続けるべきなのです。

自分自身に対して、「どうやってこの状況を乗り越えようか」「今できることはなんだろう」などと、問いかけていくようにしてください。


悩むのではなく困る。

そして、困ったことに対処していく。

そうすれば、確実に感情に振り回される心配もなくなります。

感情はコントロールできます。

そして、感情はあなたを支える良きパートナーでもあります。

感情を上手に使いながら、素敵な人間関係、素晴らしい人生を作っていきましょう。

最後になりますが、この本で書いた内容は、ここ10数年、私が「感情のコントロール法」セミナーとしてヒューマン・ギルドで、あるいは研修会社の公開講座で計30回以上実践してきたものがベースになっています。さらに、ヒューマン・ギルドのメールマガジンやさまざまな雑誌や本にバラバラに書いていたものにも基づいています。そうした意味で、セミナーへのご参加の方々に心からお礼を申し上げます。

大和書房編集部の高橋千春さんからは、前著『人間関係が楽になる アドラーの教え』に続いてお声掛けいただき、それをきっかけにこの本を世に出すことができました。加えて渡辺稔大さんが私の粗雑な文章を読者の方の視点に沿った内容で構成・編集してくださいました。高橋さんと渡辺さんに感謝申し上げます。

この本を通じて、この本を読まれたあなたが、どうかより良い人生を歩む秘訣を身につけ、他者の役に立てる存在になれますことを願っています。

岩井俊憲

付録1 陰性感情の目的と意義

感情	目的	意義
怒り	・相手役の支配 ・主導権争いで優位に立つ ・自分の権利擁護 ・正義感の発揮	・感情の中でも最も対人関係の要素が強い ・「気障り」「苛立ち」「怒り」「激怒」など、レベルに差がある ・根底には、傷つき、寂しさ、悲しみ、心配、落胆などの感情（一次感情）が潜んでいる ・一次感情が満たされないと、怒りという「二次感情」を使って対応することになる
不安	・自分を保身 ・自分を行動に駆り立てる	・未来（近未来）に直面する課題がありつつも、その対象が明確でないというもどかしさから生じる ・「心配」に変わると、状況や相手を支配したい目的になる ・似た感情の「恐怖」は、自分の存在・環境が危機にさらされたとき、緊急の対処を要求する感情
あせり	・準備不足の警告 ・早急に対応するためのエネルギーの供給	・近未来に果たすべき課題（目標）への準備が不十分なとき、何らかの対応をするよう警告する ・あせりの感情は、課題（目標）と現状の落差を埋めるために使われる
嫉妬	・自分にないものが他者にあることの気づき ・相手を自分に近づけるか、ライバルを引き離す	・三者関係の中で疑惑を伴って起きることが多い ・憎い、悔しいと思うことから事件にまで発展する ・似た感情の「羨望」は、二者関係でライバル視する人との間で起きる ・羨望は、相手のプラス・ファクターを認めることがある
憂うつ	・直面する課題からの回避 ・将来へのエネルギーの蓄積	・活力が低下した身体的・心理的状態 ・レベルによって「落胆」「孤立感」「みじめ」から「無能力／無気力」「絶望感」「罪悪感」などを感じるようになり、自分に期待しないことを要求するようになる ・専門家の関与を必要とするケースもある
劣等感	・他者との比較 ・現状と目標とのギャップの解消	・起源は身体・容姿・能力から始まり社会的環境などに及ぶ ・やがて理想・目標をイメージするようになると、それらと現実とのギャップから怒り、不安、焦り、嫉妬・羨望などを含む複合した感情が芽生える ・これらの感情を総称して劣等感と呼ぶ

付録2 アドラー心理学による感情解釈

〈自己決定性〉 人間は、環境や過去の出来事の犠牲者ではなく、自らの運命を創造する力がある	➤	感情を建設的に使うか、非建設的に使うかを自分で決められる
〈目的論〉 人間の行動には、その人特有の意思を伴う目的がある	➤	感情には、それを使う目的(自分／他者を動かす)がある
〈全体論〉 人は、心の中が矛盾・対立する生物ではなく、誰もがかけがえのない、分割不可能な存在	➤	感情は、「理性的回路」を補完／代替して、「非理性的回路」から行動へと人間を導く
〈認知論〉 人間は自分流の主観的な意味づけを通して物事を把握する	➤	感情は、その人の経験や知識に基づく独特の解釈の影響を受ける
〈対人関係論〉 あらゆる行動は、相手役が存在する対人関係である	➤	人は、「相手役」によって感情を使う／使わない、そしてどう使うかを選んでいる

まとめ

①感情には、陽性(プラス)感情と陰性(マイナス)感情がある
　※アドラー心理学では「結合的」と「離反的」
②感情には、現在・過去・未来・という時間軸がある
③感情は理想(目標)と現状のギャップから生じる

岩井俊憲（いわい・としのり）
アドラー心理学カウンセリング指導者、中小企業診断士。上級教育カウンセラー。1947年栃木県生まれ。1970年に早稲田大学卒業後、外資系企業の管理職などを経て、1985年にヒューマン・ギルドを設立し、代表取締役に就任。ヒューマン・ギルドでアドラー心理学を主に使ったカウンセリング、心理学の各種講座を行うほか、企業・自治体から招かれ、アドラー心理学を基盤とした勇気づけやリーダーシップ、コミュニケーションの研修などを行っている。
著者に『人間関係が楽になるアドラーの教え』（だいわ文庫）、『勇気づけの心理学 増補・改訂版』（金子書房）、『マンガでやさしくわかるアドラー心理学』シリーズ（日本能率協会マネジメントセンター）、『人生が大きく変わる アドラー心理学入門』（かんき出版）、『アドラー流 人をHappyにする話し方』（三笠書房王様文庫）、『働く人のためのアドラー心理学』（朝日文庫）など。

本作品は小社より二〇一六年四月に刊行されました。

だいわ文庫

感情《かんじょう》を整《ととの》えるアドラーの教《おし》え

著者 岩井《いわい》俊憲《としのり》

二〇一八年一〇月一五日第一刷発行
二〇一九年一一月二五日第三刷発行

発行者 佐藤 靖
発行所 大和《だいわ》書房
東京都文京区関口一-三三-四 〒一一二-〇〇一四
電話 〇三-三二〇三-四五一一

フォーマットデザイン 鈴木成一デザイン室
編集協力 渡辺稔大
本文デザイン 西垂水 敦・太田斐子(Krran)
本文印刷 新藤慶昌堂
カバー印刷 山一印刷
製本 小泉製本

ISBN978-4-479-30724-2
乱丁本・落丁本はお取り替えいたします。
http://www.daiwashobo.co.jp